新『教師教育研究』刊行にあたって

一般社団法人全国私立大学教職課程協会

会長　　小原芳明

　2019 年度は新教職課程のスタートの年です。このため、2018 年度は、教育職員免許法及び同施行規則の改正による「教職課程コアカリキュラム」を含めた再課程認定申請への対応がなされ、各教育委員会では教員育成協議会での検討による「教員育成指標」が策定されました。今後は、このことも踏まえた、「養成・採用・研修の一体的改革」が進むことでしょう。

　さて、昨今では社会が大きく変化し、学校教育も変化の時代を迎えています。当然、教員の質への期待も高まっており、大学の教員養成の質向上にもつながっています。

　一般社団法人全国私立大学教職課程協会（以下、本協会という。）は、前身の協議会を経て 2016 年 7 月に発足し、3 年が経過しました。本協会の目的には「私立大学における教師教育の社会的責務とその重要性に鑑み、相互に研究を深め、連帯協力することによって開放制教育職員免許制度の下における教師教育の充実と発展に寄与する」（定款）が掲げられております。なかでも現在の教員養成において最も重要なキーワードとなっている「教職課程の質保証」は、大きな課題です。本協会としても「教職課程の質保証等に関する特別委員会」を設置し、この研究を開始しております。文部科学省平成 30 年度「教員の養成・採用・研修の一体的改革推進事業」に採択された「私立大学における教職課程の質保証評価の在り方に関する基礎的研究」を通じて、教職課程の質保証向上のあり方について、今後も検討をすすめていく予定です（平成 31 年度も継続採択）。

　このような状況を踏まえますと、教員養成の一翼を担ってきた私立大学教職課程における質保証の具体化は、各大学や教職課程を運営する関係者の努力に依っていますし、国公私立大学全体の課題としてとらえることが必要です。今後も変化は進んでいくことと思いますが、今回 (株) 東信堂のご好意に

より市販化される『教師教育研究』が、新たなスタートを切り、その研究の貴重な資料として位置付けられるよう、本協会としても努力をしていきたいと考えております。今後も本協会ならびに本誌が教員養成の質の向上に貢献できることを願っております。

目次／『教師教育研究』32

新『教師教育研究』刊行にあたって …………………………小原芳明　i

I　研究論文

協同学習の指導力育成を目指したマンガケースメソッド学習
　プログラムの開発 …………………………………………… 大黒孝文　1
「生きることのかなしみ」に目覚める──教育人間学は教育の本質を
　どのように語るか…………………………………………… 鳶野克己　16

II　実践交流記録

業務日誌の定量的分析からみた中学校長職務の特徴について　荒井龍弥　31
近畿大学の教員養成サークル「教職ナビ」の活動について… 杉浦　健　41
シンガポールにおける教員の職能成長と教員養成………… 金井里弥　50
教職志望学生の「学校安全」に関する体験的学修の有効性　松井典夫　63
記述を通した授業実践のリフレクションの可能性の検討… 村井尚子　75
現代日本における道徳教育の根本問題──教師の良心と仏教原理　川村覚昭　87

III　調査報告

教育実習・学校インターンシップ等に関するアンケート調査の
　結果分析──阪神教協加盟校における現状 ………………… 八木成和　102

IV　論　考

大学の教職課程における内部質保証・外部質保証をめぐる課題　八尾坂修　109

V　書　評

M・ルーネンベルク他著『専門職としての教師教育者─教師を育てる
　ひとの役割、行動と成長─』 ……………………………… 山﨑保寿　124
神林寿幸著『公立小・中学校教員の業務負担』 …………… 高木　亮　128

iv

『教師教育研究』投稿規程　……………………………………………… 132

編集後記………………………………………………………………… 135

I　研究論文

協同学習の指導力育成を目指したマンガケースメソッド学習プログラムの開発

大黒孝文(同志社女子大学)

はじめに

　中央教育審議会(2015)[1]は、教員の養成・採用・研修を通じた課題として、アクティブラーニング(AL)の視点からの授業改善などに対応した教員養成・研修が必要であるとし、主体的・協働的な学びの要素をより一層含んだ、AL研修への転換を図る必要性を挙げた。また、2017年3月には新学習指導要領が公示され、知識の理解の質を高め資質・能力を育む主体的・対話的で深い学びの実現に向けた授業改善が示された(文部科学省、2017)[2]。これにより、AL型授業の実践的指導力を持った教員の養成が喫緊の課題となっている。

　そこで、大黒らは現職教員、及び教員志望大学生を対象に協同学習の指導力を養成するためのマンガ教材を開発し評価活動を行ってきた(大黒ら、2009[3]、2014[4]、2016[5])。今回開発したマンガケースメソッド学習プログラムは、新たに開発したマンガ教材を使用する(大黒、2017[6])。このマンガ教材は小学校理科のアクティブラーニング型授業で起こる様々な問題がメインストーリーとして描かれており、その問題の対応をジョンソンらの協同学習理論に沿って改善した授業実践がサブストーリーで描かれた構造になっている。

1．研究の経緯と目的

　マンガを学習ツールとして用いる理由は、吉川(2005)[7]が示すように、マンガは作画の仕方で情報を操作したりナラティブに表現したりすることができるところにある。これにより学習者は、主人公として物語に没入し、アクティブラーニングの授業を疑似的に経験すると同時に、状況に埋め込まれた

問題点に気づき、それらを解釈することで問題解決のために自分がどのように行動するかを判断することができる。すなわち、マンガを用いたケースメソッド教材は、アクティブラーニングの授業経験が少なく、専門的な知識のない学習者に対して、アクティブラーニングの授業を構成する力を身に付けさせ、発生する問題を予想し、対応する実践的指導力を持たせることが可能となる問題解決型の教材の一つといえる。

　これまでに大黒ら(2009)[8]は、協同学習の理論と方法を習得するために、粒子領域においてマンガ教材と学習プログラムを開発してきた。この開発において学習ツールとしてマンガを用いることで、協同学習の理論と方法の理解の向上を確認している。しかし、協同学習の理論と方法を理解させることに重点をおいたため、解説とその演習的な傾向が強く、マンガケースメソッド教材としての特徴である問題解決型の教材に到っていなかった。これらの課題を解決するために、マンガの中に学習内容を明示するだけでなく、意図的に隠したり、問題状況自体を物語に埋め込んだりすることで、解釈に多義性を持たせる必要性が指摘された。

　次に、大黒ら(2014)[9]では、エネルギー領域において、実験技能習得のためのマンガケースメソッド教材を開発し、マンガに描かれた授業の文脈に即して被験者が何を読み取れるのかを検討した。4つの観点(学習環境、実験技能、指導法、授業計画)に分けて分析した結果、いずれの観点においても読み取りが不十分であることがわかった。これにより、被験者の読み取る力をより補強するためには、マンガ教材においては、より文脈に依存した表現や強調した表現を用いることによって問題の箇所を印象づけ、問題意識を持たせる工夫の必要性があること、さらに、学習方法として学生個々の気づきを共有し、討議を行うことで問題に気づいたり、知識や技能の不足を補ったりすることができる協同的な学習を取り入れることが指摘された。そこで今回の研究では、これまでの指摘を総合的に取り入れ、アクティブラーニングの授業で発生する問題状況を協同学習の視点で文脈の中に取り入れたマンガケースメソッド学習プログラムを開発し、その使用感と有効性やAL学習への自信・関心の変化、及びマンガ教材に描かれた校種や教科に依存することなく、

協同学習を学ぶ上で多校種や他教科への汎用性があるか否かを検討する。

2．プログラムの概要

　マンガケースメソッド学習プログラムは次の①～⑤で構成されている。①マンガ教材：小学校理科の協同的な児童実験で発生する問題場面が描かれたメインストーリーと協同学習の理論を取り入れ改善されたサブストーリー。②テキスト：協同学習の5つの基本的構成要素ごとに準備された設問。③マンガテスト：協同学習の理解を判断するために①のマンガ教材とは異なった学習場面を異なったキャラクターで描いたマンガと質問紙。④指導者用解説書：本プログラムを常に一定の指導方法で実施するための指導者用教本。⑤学びのバージョンアップ：協同学習の理論や実践を解説した予習・復習教材プリントで配布と同時に学習支援システム（マナビー）でも配信した。マンガケースメソッド学習プログラムは以上の5つで構成されており、学習方法は協同学習の手法を用いて全6時間構成で行われる。

　学習者は、②のテキストに沿ってメインストーリーから問題点を読み取り、独自に対策を考え、それぞれの考えを他者と共有する。つづいて、ジョンソンら(1998)[10]の5つの基本的構成要素を取り入れることで修正されたサブストーリーから協同学習の理論に沿った改善方法を読み取り相互に比較する。最後に個人の判断に協同学習の理論を適応させることで実践的指導力を獲得するというものである。

3．評価に用いたマンガ教材の概要

　マンガ教材で扱ったのは、小学校理科6年生「植物の養分と水の通り道」の単元である。取り入れた学習場面には、光合成によって葉に作られたでんぷんを確認する協同的な授業において、現実的に起こりうる児童生徒の学習上の問題点や教師の指導上の問題点が全43ページ162コマに描かれている。学習者は、この問題点に気づくことで、対応や改善の方法を判断し実践的指導力を身につける仕組みとなっている。

　具体的にマンガ教材には、協同学習を取り入れてアクティブラーニング

表1　ジョンソンらが提案した5つの基本的構成要素

基本的構成要素	内容
1. 相互協力関係	分担と責任や相補的・同調的役割関係をつくること
2. 対面的 - 積極的相互作用	協力の依頼とアドバイスによって、議論や説明を行うこと
3. 個人の責任	作業や観点別に分担し自分の役割に責任を持つこと
4. 小集団での対人技能	学習活動において社会的技能や協力的な技能を持つこと
5. 改善の手続き	貢献度評価を相互に行い、よりよい協力関係をつくること

の授業を行う教師の姿が描かれている。そこには、学習者に読み取らせたい視点として、理科を教える教師に必要な授業力の問題(26項目)とアクティブラーニングとしての授業力の問題(37項目)が埋め込まれている。このアクティブラーニングの理論的背景として取り入れたのが、5つの基本的構成要素(表1)を用いるジョンソンら(1998)の協同学習理論である。

4．マンガ教材に描かれたアクティブラーニングとしての授業力の問題点

　マンガに取り入れた協同学習の基本的構成要素の顕著な部分は次の5か所である。

(1) 相互協力関係に対する気づき

　相互協力関係とは、分担や相補的役割を与えることで全員がそろわなければ成立しない関係を作り、児童生徒らが共通の目標に向かって互いを尊重し、分担された役割に使命感を持つような状態を実現することである。これにより、自分の努力とグループの仲間の努力が必要であると感じることができる。しかし、図1に示したマンガのシーンでは、役割分担を話し合うことなく、男子児童が独断で決めており、不服そうな女子児童の表情が描かれている。この場面からは、互いの意見を尊重し自分の役割に使命感を持つという意欲を引き出すことができない問題に気づくことが求められている。

図1　相互協力関係に対して

(2) 対面的 – 積極的相互作用に対する気づき

　対面的‐積極的相互作用とは、対面で行う相互活動でグループの仲間同士が援助したり、励ましたりすることで、互いの成功を促進し合う相互作用である。また知的活動としての議論や説明を行う相互作用も意味している。しかし、**図2**に示したマンガのシーンでは、実験結果から考察し結論を求める場面で、1人の男子児童が仲間同士の話し合いには参加せず、独断で発表内容を決めていく状況が描かれている。この場面からは、知的活動としての議論を行う相互作用が行われず、他者の意見にただ乗りする現象が発生している問題に気づくことが求められている。

(3) 個人の責任に対する気づき

　個人には役割分担としての責任があり、集団の中で各自が主役であるとい

図2　対面的－積極的相互作用に対して

図3　個人の責任に対して

う自覚を持つことを意味している。これにより、グループにおける自分の役割は他者の役割とは違う独自のものであり、誰の役割が欠けても課題が解決しないという自覚を持たせることである。しかし、**図3**に示したマンガのシーンでは、男子児童が自分の役割分担の作業内容を忘れており、女子児童が代わって作業を行う状況が描かれている。この場面からは、一人ひとりがグループの課題解決に向けて重要な役割があるという自覚を持ち、個人の役割分担の責任をはたす必要性に気づくことが求められている。

(4) 小集団での対人技能に対する気づき

　小集団での対人技能は、人が生まれつき持つことのない技能の1つである。そこで、相互交渉の仕方を、集団的技能や社会的技能として意図的に与えることでより良い人間関係をつくり、互いを知り信頼し合い、正確で明確なコミュニケーションを行うことである。しかし、**図4**に示したマンガのコマでは、グループの仲間が困った表情で討議を行う中で、1人の男子児童が目をつむったまま、話合いに参加していない状況が描かれている。この場面からは、この男子児童も話し合いに適した技能を身に着け、より良い人間関係をつくる中で、課題解決に向けた明確なコミュニケーションを行う必要性に気づくことが求められている。

図4　小集団での対人技能に対して

(5) グループの改善手続に対する気づき

　グループの改善手続とは、学習活動の協力的な貢献が有効であったか否か
を児童生徒自らが話し合うことで明らかにし、よりよい協同学習の実現に向
けて改善を図ることである。しかし、**図5**に示したマンガのシーンでは、1
人の男子児童が、ふり返り活動を真剣に行わず、自分の役割と授業の協力の
達成状況を機械的にできたと〇を付けている状況が描かれている。この場面
からは、学習活動の協力的な個人の貢献をふり返り、今後の協同的な授業を
さらにより良いものにしようとする意欲が持てていない問題に気づくことが
求められている。

図5　グループの改善手続に対して

5．研究の方法

　本研究はマンガケースメソッド学習プログラムの開発を行い、その使用感と有効性、及び学習効果の調査を行う目的から、現職教員、及び教員志望大学生を対象に実施した。

(1) 対象と時期

　現職教員は、大阪府の公立小中学校に勤務する 28 名（男：女 =12：16、小学校：中学校 =16：12）で、10 年目経験者、及び各学校の研修担当者であった。時期は 2017 年 8 月で、手順は研修時間の制限から、本学習プログラムの導入部分と協同学習の基本的構成要素の 1 つであるグループでの改善手続を中心に 2 時間で実施した。教員志望大学生は、京都府の大学に通う理科以外の中高教員志望大学生 191 名で、時期は 2017 年 5、6 月で、手順は本学習プログラムの 6 時間すべてを 4 週に分けて実施した。

(2) 評価の方法

　評価の方法は、現職教員と教員志望大学生共に、マンガケースメソッド学習プログラムの参加状況や使用感と学習効果の評価（表 2、3）を行った。加えて、現職教員には、質問紙調査の後に自由記述による感想（表 4）を求めた。これは、本プログラムの使用感や学習効果についてより具体的な意見を求めるためである。また、教員志望大学生には、主体的で対話的な授業に対する自信や興味に関する変化を見ることを目的として質問紙調査（表 5）を授業の前後で実施した。

　共に実施した質問紙調査（表 2、3）は、本プログラムへの参加状況や使用感に関する質問項目が 8 項目（設問 No.1 ～ 8 に対応）と学習効果に関する質問項目が 5 項目（設問 No.9 ～ 13 に対応）であった。また、教員志望大学生に実施した主体的で対話的な授業に対する自信や興味に関する質問紙調査（表 5）は、被験者のアクティブラーニングに対する関心度を調査することを目的として 4 項目の質問を準備した。

表2　現職教員に対するマンガケースメソッド学習プログラムへの参加状況や使用感と学習効果に関する評価

	質問内容	肯定	否定
1	MCML の授業では積極的に参加できた。**	28	0
2	MCML の授業では協調的に参加できた。**	28	0
3	MCML の授業では自分の考えや意見を他のメンバーに伝えることができた。**	28	0
4	MCML の授業では疑問に思ったことを質問できた。**	23	5
5	MCML の授業ではさまざまな立場からケースを考えることができた。**	27	1
6	MCML の授業では多様な考えや対応を提案できた。**	26	2
7	MCML の授業ではメンバーの多様な考えや対応を聞き共有することができた。**	28	2
8	MCML の授業ではディスカッションがしやすかった。**	27	1
9	MCML で行ったディスカッションによって，新たな気づきがあった。**	28	0
10	MCML で行ったディスカッションの内容は今後の授業づくりに生かせそうだ。**	25	3
11	MCML は協同学習を学ぶために効果的な授業方法だ。**	26	2
12	MCML 学習の続編を使ってさらに協同学習を学んでみたい。**	25	3
13	MCML 学習の授業場面は小学校理科を扱ったものであったが，校種・教科に関係なく自分の協同学習の指導力を高める上で効果的な教材であった。**	26	2

N=28　**p<.01　※表内の MCML はマンガケースメソッド学習プログラムを表している。

表3　教員志望大学生に対するマンガケースメソッド学習プログラムへの参加状況や使用感と学習効果に関する評価

	質問内容	肯定	否定
1	MCML の授業では積極的に参加できた。**	189	2
2	MCML の授業では協調的に参加できた。**	191	0
3	MCML の授業では自分の考えや意見を他のメンバーに伝えることができた。**	191	0
4	MCML の授業では疑問に思ったことを質問できた。**	158	33
5	MCML の授業ではさまざまな立場からケースを考えることができた。**	186	5
6	MCML の授業では多様な考えや対応を提案できた。**	174	17
7	MCML の授業ではメンバーの多様な考えや対応を聞き共有することができた。**	189	2
8	MCML の授業ではディスカッションがしやすかった。**	185	6
9	MCML で行ったディスカッションによって，新たな気づきがあった。**	190	1
10	MCML で行ったディスカッションの内容は今後の授業づくりに生かせそうだ。**	189	2
11	MCML は協同学習を学ぶために効果的な授業方法だ。**	190	1
12	MCML 学習の続編を使ってさらに協同学習を学んでみたい。**	187	4
13	MCML 学習の授業場面は小学校理科を扱ったものであったが，校種・教科に関係なく自分の協同学習の指導力を高める上で効果的な教材であった。**	186	5

N=191　**p<.01　※表内の MCML はマンガケースメソッド学習プログラムを表している。

表4　現職教員に実施した自由記述による意見

1. 授業者の立場で一人ひとりの子どもを見る見方を深く交流することができたので，授業づくりについてしっかりとふり返ることができた。(中学校数学・経験 26 年・女)
2. 実際の授業研究会とは違い，いろいろな場面をもれなく共有して話し合えることが有効だった。(小学校・経験 23 年・女)
3. マンガなのでスラスラ読み進められたし，疑問に思ったこともページ見返せば確認できるのでよかった。小学校・経験 9 年・女
4. マンガのケースメソッドは興味深く，初任者研修や 2 年目研修などこれから本格的に学ぼうとする教員にはより効果的で分かりやすいと感じた。(小学校・経験 16 年・女)
5. マンガを読み進めていくうちに，この場面は現場でもよくあると思うことができ，物語の背景も考えながら楽しく読めた。(中学校国語・経験 5 年・女)
6. 大人でもマンガであれば読みやすく，物語の中に入りやすいのでわかりやすいと感じた。マンガは遊びという面が強いと感じていたが，学ぶツールとして素晴らしいということがわかった。(小学校・経験 10 年・男)

表5　教員志望大学生に対する主体的で対話的な授業に対する自信や興味に関する評価

	質問内容		かなりそう思う	ややそう思う	あまりそう思わない	まったくそう思わない	平均値	Z値
1	児童生徒が主体となり、対話的に進める授業を計画する自信がある。**	事前	10	47	110	24	2.23	4.54
		事後	19	75	88	9	2.54	
2	児童生徒が主体となり、対話的に進める授業を指導する自信がある。**	事前	4	36	121	30	2.07	5.23
		事後	9	73	98	11	2.42	
3	児童生徒が主体となり、対話的に進める授業の具体的な方法を知っている。**	事前	0	9	95	87	1.59	10.13
		事後	16	87	75	13	2.55	
4	協同学習を含めたアクティブラーニングに興味を持っている。**	事前	45	95	40	11	2.91	8.53
		事後	121	66	4	0	3.61	

N=191　**$p<.01$　※表内のそう思う〜そう思わないの数値は人数を表し、参考として平均値を示す。

　　質問紙調査の質問は共に、「かなりそう思う」、「ややそう思う」、「あまりそう思わない」、「まったくそう思わない」の4段階評定法で回答させた。分析の方法は、本プログラムの参加状況や使用感と学習効果の評価に関しては、回答が全体として肯定的であるか、否定的であるかを判断するために、4段階評定法の回答を、項目ごとに「肯定」「否定」に分類し、回答人数の偏りを

1×2の直接確率計算（両側）を用いて分析を行った。また、教員志望大学生に実施した主体的で対話的な授業に対する自信や興味に関しては、「そう思う」〜「まったくそう思わない」を4点〜1点と得点化し、同一参加者内の事前と事後の得点傾向を比較するためにウィルコクソンの符号付順位和検定を用いて行った。

6. 結果と考察

(1) 本プログラムの参加状況や使用感と学習効果に関する質問紙調査、及び現職教員による自由記述の結果より

　本学習プログラムの参加状況や使用感に関しては、表2、3の設問 No.1〜8の質問内容のすべてにおいて、有意に肯定的に認めていることがわかった（$p<.01$）。以上から、現職教員と教員志望大学生は本学習活動へ積極的かつ協調的に参加し、プログラムの使用においても違和感なく使用できていることがわかった。ただ設問4の疑問に思ったことを質問できたかという問いに関しては、現職教員・教員志望大学生共に約17%が否定的に応えていたことから、学習者の疑問を引き出し質問しやすい環境にプログラムを改善する余地を読み取ることができる。また、本学習プログラムの学習効果に関する設問 No.9〜12の質問においても有意に肯定的に認めている（$p<.01$）ことから、現職教員と教員志望大学生は本プログラムの学習効果を認めていることがわかった。加えて、設問13の本プログラムは小学校理科の授業場面を扱ったものであるが、校種・教科に関係なく協同学習の指導力を高める上で効果的な教材であるという質問に対して、現職教員と教員志望大学生共に有意に肯定的に認めており（$p<.01$）、マンガ教材の汎用性が示唆された。

　使用感や学習効果について現職教員に対して具体的な意見を求めた自由記述は、受講者28名中19名から得られた。そのほとんどは、マンガは見返しが容易で分かりやすく、学習場面の共通理解がしやすいというもので、否定的な意見は見られなかった。

　顕著な意見として使用感について1〜3、学習効果について4〜6の意見が見られた（表4）。使用感については、1で意見交流について、2で意見共有

について、3でマンガ教材の使用のしやすさについてふれており、共に好意的な意見と捉えることができた。また、学習効果については、4で使用することでより効果が期待できる教員について、5で児童実験の状況が適切に表現されていることについて、6でマンガの読みやすさと学習ツールとしての効果についてふれており、共に学習効果を認めていることが読み取れた。

(2) 主体的で対話的な授業に対する自信や興味に関する結果より

　主体的で対話的な授業に対する自信や興味に関しては、教員志望大学生を対象に事前と事後の得点傾向を比較した（表5）。その結果、4項目の質問すべてにおいて授業前より授業後の方が、児童生徒が主体となり対話的に進める授業計画と指導の自信が高まり、知識と興味も高まる結果が得られた（$p<.01$）。

　以上 (1) (2) の結果から総合的に判断すると、マンガケースメソッド学習プログラムは協同学習の指導力を身につけるために教科に依存しない汎用性があり、教材も使いやすく積極的で協調的な学習が行えたものと判断できる。また、協同学習を学ぶために効果的な教材と捉えられており、教員志望大学生の主体的で対話的な授業を行う自信も高まっていると判断できることからその有効性が示唆された。

7．本研究の今後と課題

　本研究の目的は、アクティブラーニングの視点から協同学習を取り入れたマンガケースメソッド学習プログラムの使用感と有効性、及び学習効果に対する調査を行うことで、アクティブラーニングの実践的指導力を養成する教材の開発に資することである。結果から本教材の有効性や汎用性については一定の評価を受けたが、今後は本研究の全体構想に従って、内容理解や実践的な判断力が身に付いたか等の実践的評価研究を行うことで本プログラムの改善を行う。同時に Web 版での活用に向けて開発を進めて行く予定である。現在、マンガ教材に関しては、次の URL（http://tdaikoku.com/wp/）より閲覧が可能である。

附　記

　本論文の一部は、2017 年度日本理科教育学会近畿支部大会(滋賀大会)、及び日本協同教育学会第 14 回大会で発表されており、発表内容に対して大幅に修正したものである。

謝　辞

　本研究は平成 29 〜 31 年度日本学術振興会科学研究費補助金・基盤研究 C「協同学習の実践的指導力を育成する教師教育用ケースメソッド教材の開発」(課題番号 17K04890、代表・大黒孝文)の支援を受けたものである。
　また、本研究においては、舟生日出男先生(創価大学教育学部・教育学科・教授)、黒田秀子先生(関西外国語大学・英語キャリア学部・准教授)、山本智一先生(兵庫教育大学大学院・学校教育研究科・准教授)、竹中真希子先生(大分大学大学院・教育学研究科・教授)、出口明子先生(宇都宮大学教育学部・准教授)から多大な協力を受けた。ここに感謝を申し上げる。

注・引用文献

1　中央教育審議会『教育課程企画特別部会における論点整理について(報告)』平成 27 年 8 月、2015.
2　文部科学省『小学校・中学校学習指導要領』平成 29 年 3 月、2017.
3　大黒孝文・竹中真希子・稲垣成哲「教師教育におけるマンガ教材の開発と評価―協同学習の理論と方法を習得するための学習プログラムを事例として」、『科学教育研究』、33 (4)、338-347、2009.
4　大黒孝文・竹中真希子・中村久良・稲垣成哲「小学校教員志望大学生を対象とした理科の授業構想力を育成するケースメソッド教材の読み取りに関する評価」、『理科教育学研究』、理科教育学会、55 (2)、191-200、2014.
5　大黒孝文「アクティブラーニングの授業構想力と実践的指導力を養成するマンガケースメソッド教材の開発」、『日本科学教育学会年会論文集』、理科教育学会、413-414、2016.
6　大黒孝文「アクティブラーニングの実践的指導力を養成するマンガケースメソッド教材の開発に向けて - 教員養成系学生を対象にした教材の使用感・有効性と読み取りに関する調査 -」、『科学教育研究』、科学教育学会、41 (2)、

170-178、2017.

7　吉川厚「ナラティブアプローチを使った教材開発」、『日本科学教育学会研究会研究報告』、20(2)、7-10、2005.

8　前掲載書(3)

9　前掲載書(4)

10　ジョンソン、D. T.、ジョンソン、R. T.、& ホルベック、E. J.『学習の輪』26-31、二瓶社、1998.

I 研究論文

「生きることのかなしみ」に目覚める
──教育人間学は教育の本質をどのように語るか

鳶野克己(立命館大学)

1. なぜ「生きることのかなしみ」なのか

(1) 教育学的研究における「かなしみ」の軽視

　教育の本質や目的、教職の原理や意義にかかわる学問的研究において、「かなしみ」という人間学的問題圏は、管見の限りでは、主題的に取り扱われ論究されることがほとんどなく、長く辺境の位置に置かれてきたように思われる。

　一般に、教育は、最も基本的には、「成長」や「発達」と呼び慣わされる、社会における人間としての生き方を形作る資質や能力の望ましい変容を助成し促進する営みとして捉えられてきた。そしてこの望ましい変容が、生きることにとって楽しく快い出来事であると見なされ、「よろこび」をめぐる語彙で語られるとき、「生きることのかなしみ」が、教育学的主題として取りあげられるのは稀なこととならざるを得ない。通常、教育学的研究は、「成長」や「発達」といった望ましいとされる生き方の変容を、「かなしみ」の出来事とは意味的に対極にあるとされる「よろこび」の出来事として位置づけ、そうした「よろこび」に定位して人間の生き方の可能性や課題を語ろうとするからである。

　とはいえ、教育や教職にかかわる学問的研究において人間としての生き方をめぐる問題が論じられる際、人生における様々な「かなしみ」の出来事は、主題化されないにせよ、常に等閑視されたり無視されたりしてきたわけではない。「よろこび」ばかりではなく、困難や苦痛をもたらす「かなしみ」の出来事にも言及しつつ人間の生き方を語る教育学的言説を、今日私たちはむしろしばしば目にする。しかし一般に、そうした言説では、私たちが人生にお

ける「かなしみ」の出来事に直面してもくじけずあきらめず、辛さや苦しさを乗り越えようとする気高く強い意志をもって、再びの希望へと向けて主体的能動的に進んでいくことが強調され唱導される。そしてさらに、そのような気高く強い意志の力によって「かなしみ」に打ち勝つことに「人間として生きることのよろこび」を見出すという生き方の意義が語られるのである。「成長」や「発達」といった望ましい変容に焦点づけられた「よろこび」の視座から人間の生き方を捉えることが、教育や教職にかかわる学問的思考の、いわば常道であったと言えるのではないか。

(2) もう一つの「生きる力」論のために

　小論は、私たちが社会の中で生きていくために必要な資質や能力の望ましい変容としての「成長」や「発達」を、「生きることのよろこび」をめぐる語彙で語る言説が、私たちの生活実感にとってもちうる意義、教育や教職にかかわる学問的研究において占めてきた位置を一義的に否定しようとするものではない。ただ、小論は、例えば、いとしい大切な人との「死別」の出来事において極まった形で顕わになるような、私たちが生きていく上での如何ともし難い、なすすべのない「かなしみ」の問題を手がかりとして、「成長」し「発達」する人間における「生きる力」の育成を語る教育学の常道的な視点を、人間として生きることの実相に即して少し丁寧に反省してみたいのである。それというのも、「かなしみ」をめぐるそうした反省を必ずしも徹底しないままに、諸々の資質や能力における望ましい変容のあり方を、人間としての「生きる力」と結びつけつつ指し示して「生きることのよろこび」を謳うような教育学的言説が、教育における私たちの根源的な「生きる力」の捉え方をむしろ狭めてはいないかと怖れるからである。

　私たちは、今ここにこうして人間として生きていることの安定した自明性がふとした折りに激しく揺らぎ、この世に生を享けたということの原理的な根拠のなさ、そして「何のために」ということが畢竟定かでないまま生きていくということの覚束なさ、さらには望むと望まざるとにかかわらず時が来れば必ず息絶えるということの理不尽さ、総じて、根拠なく与えられ否応な

く奪われる有限ないのちあるものとしての私たち人間が構造的に抱え込んで
いる「生きているということの圧倒的な訳のわからなさ」に思いが至り、呆
然と立ち尽くすことがないだろうか。そのとき、私たちは、計画や展望が可
能な自身のよりよき将来像を思い描き、疑うことなくそれを目指して歩んで
いけるような穏やかな成長観や発達観に依拠する「生きることのよろこび論」
を超えた、「生きることのかなしみ」の地平に目覚め始めているのだと思わ
れる。この目覚めの体験が深められていく中で、如何ともし難い「かなしみ」
の出来事に面して、克服や乗り越えではなく、そうした「かなしみ」を、そ
の如何ともし難さのまま「かなしみ」続け、「かなしみ」合い、「かなしみ」抜
く生き方を根底から是とするような、いわば「もう一つの生きる力」に与る
道が私たちに開かれてくるのではないだろうか。

　教育が、望ましい変容としての「成長」や「発達」の観点を踏まえつつも、
人間が人間として生きていくあり方の全体を視野に入れた、育て教え世話す
る営みであろうとするなら、教育学における人間の研究は、誕生から死に至
る私たちの人間としての生き方を、限りない向上や発展の相においてのみ捉
えるのではなく、私たちのいのちの如何ともし難い有限性を自ずから見据え
たものとならざるを得ない。そして、最も原理的には、教職とは、こうした
有限ないのちをともにする人間としての子どもにおける、人間ならではのい
のちの歩みを促し支えようとする仕事であり、教師とは、上に述べたような
「生きているということの圧倒的な訳のわからなさ」を懐深く抱え込みなが
らも、その限りあるいのちを、子どもたちとともに生きようとする人間であ
るということができる。

　このように考えるなら、教職課程教育や教師教育にかかわる研究は、教育
学における人間の研究と密接にかかわりながら、教育の本質や目的、教職の
原理や意義、教師という人間のあり方をその根本から考究する中で、いのち
の有限性の目覚めに根ざす「生きることのかなしみ」の問題に必ずや逢着す
るはずである。

　小論では、こうした問題意識に基づいて、「かなしみ」、とりわけ「人間と
して生きることにおける不可避的なかなしみ」を取りあげ、「誕生から死に

至る人間としての生涯を通じた変容のあり方」を視野に入れる教育人間学の立場から考究する¹。考究を通して、教育の本質や目的、教職の原理や意義にかかわる学問的研究にとって、「かなしみ」の問題圏が有する可能性と課題の一端を明らかにしたい。

２．教育学的な人間理解と「生きることのかなしみ」

(1) 教育学的な人間理解の特質

　教育の本質や目的にかかわる学問的研究においては、一般に教育は、人間にのみ必要であり可能でもあるような、人間に固有な営みであるとされてきた。教育学的には、人間は、教育によってはじめて、人間として、人間にふさわしい仕方で生きることが可能となる存在であり、教育は、人間としての生き方の根本に根ざす営みであるとされるのである。ではその人間としての生き方の根本を、教育学はどのように特徴づけて捉えているのか。

　教育学における人間の捉え方の原理的特徴は、まず、人間として生きることを「人間であること (Being)」ではなく「人間になること (Becoming)」という視点から捉える点にあるということができる。すなわちそれは、人間の生きるありさまを、変わらない一貫したものではなく、常に新たに変わり続けるものとして捉えることである。生きることを、静的で固定的な不変の相ではなく、動的で可変的な変容の相において見ようとするのである。教育学的には、また、そうした人間における生き方の変容は、個人の内部から自動的に展開する独立した出来事であるよりも、その都度の時宜にかなった外部からの適切で的確な働きかけを促し、指導や育成の活動を通して可能になるような、呼びかけと応答、ニーズと支援といった形で呼応的に展開する関係論的な出来事として位置づけられる。生き方の変容は、そうした教え教わり、育て育てられる関係の中で起こるのである。

　したがって教育学は、私たち人間の生を「変容」の相のもとに捉えるといっても、いかなる内容や方向を有する「変容」でもよいとするわけではない。人間としての生き方への働きかけや促し、指導や育成の活動が目指すのは、教育的観点にたって価値的に望ましいとされる内容と方向を有した「発

達」という名のもとに意味づけられる「変容」であり、「発達」の視点から位階づけられ評価される「変容」である。そしてその「変容」の価値的な望ましさを位階づけ評価する「発達」の視点が前提としているのは、この世界におけるありとあらゆる現象や出来事に関しての、原理的に漸進的で未来志向的な時間感覚だろう。すなわち、「発達」の視点は、自然的・社会的・文化的な諸事象の時間的な推移あるいは人類の歴史や人間の生活の変遷を、段階的に実現する進歩や前進、向上や発展、改善や改良といった尺度から捉えるのである。教育学的には、私たち一人ひとりが人間として生きていく歩みも、昨日よりは今日、今日よりは明日のあり方が価値的に望ましくあり得るのであり、またそのように望ましくあるべく進むこと、「発達」することが促され、目指されるのである。

(2) 生における否定性としての「かなしみ」とその教育学的定型化

　私たちの人間としての生き方について、ここに見てきた常道的な教育学的理解の上に立つとき、「生きることのかなしみ」は私たちの人生の中にどのような形で現れるものとして捉えられ、いかなる意味づけがなされるだろうか。

　私たちは、生きていく中で、しばしば、様々な失敗や挫折に見舞われる。あるいは大切な人やものを喪失したり、築き上げてきた財や成果が崩壊したりする出来事に遭遇する。「かなしみ」とは、まずは、人生におけるこうした否定的で不幸な出来事を通じてもたらされる困難な事態に直面しての強烈な悲痛の心情や甚だしい辛苦の思いのことを指すと言えよう。そして、そうした否定的で不幸な出来事は、基本的に不運な巡り合わせによる偶発的なものであると捉えられる。また、悲痛や辛苦を伴う困難な事態は、時に、当人の努力不足や怠惰や慢心などに起因するものとさえ意味づけられる。

　不運な巡り合わせによるものとされる限り、「かなしみ」は人生における運不運といった偶然に左右される事象であることになる。また困難な事態が努力不足や怠惰や慢心によって招かれるものとされる限り、「かなしみ」は、努力し続け、勤勉や虚心の姿勢を保つことで回避したり軽減したりできる事象となる。いずれにせよ「かなしみ」の出来事は、それ自体としては、私たちが生きていく上で運悪く遭遇する否定的な事象とされるのである。

　「かなしみ」を否定的に位置づける教育学は、しかしながら、私たちが人間として生きることを、単純に「よろこび」においてのみ捉えようとするのではない。むしろ、人生における不幸で否定的な偶発的出来事やそれがもたらす困難な事態に伴う悲痛や辛苦の教育的意義を説く。そこでは、「かなしみ」は、私たちがさらに一層「成長」や「発達」していくための「生きる力」が試される「試練」として位置づけられる。「試練」であるとは、それに耐え、打ち勝ち、それを乗り越えることが、「かなしみ」に面して、課題として求められるということである。すなわち、私たちは、「かなしみ」という「試練」を契機として、人間として生き抜くために必要な気高さと強さとをもった「生きる力」をはぐくむことができるとされるのである。

　それゆえ、「かなしみ」に打ちひしがれ、「かなしみ」にとどまり、「かなしみ」にくれることは、「かなしみ」に負けることであり「生きる力の弱さ」と見なされる。そして教育の目指すところを、そうした「弱さの克服」であるとする。教育学的な常道的人間理解のもとでは、「かなしみ」は、私たちが生きていく上で克服すべき生活上の諸「困難」や諸「課題」に向けられるのと同等の視点で、定型的に捉えられ、意味づけられるのである。

3．「かなしみ」への反省を深める

(1)「かなしみ」の語義

　前章では常道的な教育学的人間理解の特質を整理し、そこから導かれる「かなしみ」の捉え方の教育学的定型化を指摘した。そうした定型的な「かなしみ」言説の水準を突破すべく、ここで改めて「かなしい」の語義に立ち返り、人間として生きる上で「かなしみ」が意味しうる事態の核心を捉え直してみよう。

　まず、最も浩瀚で詳密な国語辞典である、小学館発行の『日本国語大辞典』は、「かなしい」を、「感情が痛切にせまってはげしく心が揺さぶられるさまを広く表現する。悲哀にも愛憐にもいう」と概括的に語釈した後、概ね次のような語義を列挙する。①死、別離など、人の願いにそむくような事態に直面して心が強くいたむ。なげかわしい。いたましい。②男女、親子間などの切ない愛情を表す。身にしみていとおしい。かわいくてたまらない。いとし

い。③関心や興味が深くそそられて感興を催す。心にしみておもしろい。し
みじみと心打たれる。④みごとだ。あっぱれだ。⑤他人の仕打ちが心にひど
くこたえるさま。残念だ。くやしい。しゃくだ。⑥貧苦が身にこたえるさま。
貧しくてつらい。

　また、永く支持されている『広辞苑』(第7版)では、「かなしい」とは、「自
分の力ではとても及ばないと感じる切なさをいう語。悲哀にも愛憐にも感情
の切ないことをいう」とされた後、泣きたくなるほどつらい、心がいたんで
たえられない、身にしみていとしい、強く心ひかれる、どうしようもなくお
そろしい、などの語義が挙げられている。

　漢字学の泰斗白川静は、自身の漢字学研究に深く根ざした古語辞典『字訓』
で、「かなし」について、「どうしようもないような切ない感情をいう。いと
おしむ気持ちが極度に達した状態から、悲しむ気持ちとなる」と述べ、「か
なしい」の語における、いとおしみと悲哀の気持ちが切なさとして極限に至
ることのどうしようもなさ (白川 1995: 236) を指摘する。また、国語学者大野
晋も、「かなしい」の語義における、相手へと強く激しく向けられる思いの
切なさと無力さの感覚に注目して、「かなしい」という心情の根本を次のよ
うに述べる。すなわち、「かなしい」とは悲哀の感情を表現する代表的な語
ではあるが、子どもや恋人を前にしてどうしようもなくいとしく思い、心が
いたんでたえられないほど「胸が一杯になる気持だ、切ない気持だというの
が原義」(大野 1966: 90) である。大野によれば、「かなしい」とは、「前に向っ
て張りつめた切ない気持が、自分の力の限界に至って立ち止まらなければな
らないとき、力の不足を痛く感じながら何もすることができないでいる状態」
(大野 1966: 91) なのである。

(2)　生きることの根本心情としての「かなしみ」

　ここに見てきた「かなしみ」の語義、とりわけ大野の視点を手がかりにして、
教育学的な定型化を超える「生きることのかなしみ」の様相を明らかにした
い。大野は、「かなしみ」の原義を、子どもや恋人を前にして、どうしよう
もなくいとしく思い、切なさで胸がいっぱいになりながら、その張り詰めた

気持ちが自らの限界に至って立ち止まらねばならない状況において捉えよう
とする。大野によれば、そうした状況に直面して、私たちが自身の力の不足
を痛感しながらも何もできないといった如何ともし難い無力さや力の及ばな
さの思いこそが「かなしみ」の核心なのである。

　ここに大野のいう、どうしようもないいとしさと切なさの張り詰めた気持
ちが、その限界に至って痛感させられる「力の不足」や「なすすべのなさ」と
は、運不運によって左右されたり、努力や工夫によって補ったりできる類い
の「生きる力」の足りなさや弱さのことでは決してない。いとしい人を眼前
にしながらも、届かない思いや叶わない願いが如何ともし難く厳然としてあ
ると思い知らされること、別れたくない離れたくないといくら願ってもこの
世での出会いにとって別離は必定であると身にしみること、人生におけるあ
れこれの得失や成否にかかわらず、人間として生きていることは、畢竟、有
限性と無力さのもとにあると痛感させられること。「生きることのかなしみ」
とはそうした感覚を通じて、生きることの奥底から私たちの人生全体を貫い
て、止めどなく湧き溢れてくる根本心情なのである。

　したがって、「生きることのかなしみ」は、生きていれば、「よろこび」が
あれば「かなしみ」もあるといった、馴染みの物言いに回収される類いの「か
なしみ」ではない。それは、脚本家山田太一が、「人が生きていること、そ
れだけでどんな生にもかなしみがつきまと」(山田 1995: 8)い、その「主調底音
は「無力」である」(山田 1995: 8)と述べるような「かなしみ」だろう。生きてい
く上でのそれぞれの「よろこび」や「かなしみ」が、それに遭遇する私たちの
あらゆる願いや思いを超えて、互いに分かちがたく綯いあわされたまま、や
がて必ず潰え去っていくことを前にしながらも、私たちは否応なく無力でな
すすべがないという人間の生きるありさまそのものが根本的に「かなしい」
のである。

4．「生きることのかなしみ」と「生きる力」

(1) 「生きる力」の語られ方

　近年、日本の学校では、社会の中で人間として生きるために必要な力を「生

きる力」と称して、教育を通じてそうした「生きる力」をはぐくむことが謳われている。端的には学習指導要領において、学校教育がその教育活動を通じて子どもたちの中にはぐくむことをめざす中核理念としての「生きる力」が語られている。そこでは「生きる力」とは、「知・徳・体のバランスのとれた力」のことであるとされ、「変化の激しいこれからの社会を生きるために、確かな学力、豊かな人間性、健康・体力の知・徳・体をバランスよく育てること」の重要性が指摘される。こうした考え方に基づいて、学校教育の場では、生きる上での様々な困難や逆境に面して露呈する私たちの弱さや醜さが、私たちの人間としてのあり方に深く根ざしていると指摘はされつつも、最終的にはそれらに屈せず、立ち向かいどこまでも戦っていく強さや気高さをはぐくむことが、教科と教科外とを問わず指導の目標として掲げられるのだろう。

　例えば、困難や逆境に面しても、くじけず怯まず、努力を惜しまず果敢に挑戦し続けて目標や課題を達成した、様々な分野で活躍する実在の著名な人物に光が当てられる。そしてそれらの人物の感動的な言動を具体的なエピソードを交えて紹介しつつ、「夢は見るものではなく、実現するもの」、「辛くても苦しくても、投げ出さずに努力したから今日の結果がある」といった訓示的語句とともに、変化の激しい社会を生き抜く力としての「生きる力」をはぐくみ発揮していく中で、人間としての気高さと強さをもって「生きることのよろこび」を見出すことの価値が強調されていくのである[2]。

　しかしながら、小論は、あれこれの運不運の巡り合わせによって「よろこび」もあれば「かなしみ」もあるといった生きることの語られ方とは決定的に次元を異にするような「生きることの根本心情」としての「かなしみ」の立場にたつ。生きることが、それ自体として「かなしみ」そのものであるような「かなしみ」に目覚め、私たちが人間として生きていく限り、そうした「かなしみ」とともにあるほかはないとの痛切な自覚に立つとき、「生きる力」とは果たして、強さ、厳しさ、不撓不屈といった「強度」や「硬度」のイメージで語りきることができるのだろうか[3]。

(2)「かなしみ」の力

　「生きる力」を「強度」や「硬度」で語ろうとすることは、「生きること」を基本的に、人生における「競い合い」や「争い合い」といった戦いの視点から捉えることである。そしてそうした「競争」を通じて、困難や逆境に、また対戦する相手や自分自身に打ち勝つことが、「生きることのよろこび」をもたらすとされる。しかし、人間としての目指すべき生き方について、「強度」や「硬度」を誇る「力」を通じての実現・獲得・達成・到達・成功・勝利といった語彙を組み込んだレトリックで語る言説を、「生きることのかなしみ」の視点から、反省することができるのではないか。

　生きることがそのままで「かなしみ」であるという捉え方は、私たちが人間として生きていることにおける不可避的な力の限界と如何ともし難い至らなさの感覚、上の山田の言を借りれば、生きることの「主調底音」としての無力さの感覚に貫かれている。そして、この限界と至らなさ、無力さは、一人私だけの事態ではなく、人間として生きる私たちに例外なく通底する根源的な事態なのである。こうした「かなしみ」の次元が他者と共有されていることに気づき、その「かなしみ」のありさまに丁寧に思いを致すことができるなら、私たちは自身の弱さを克服し、他者と競い合い、争い合い、勝利を目指そうとするより、自身と同じように不可避的な力の限界とどうしようもない至らなさを抱え込んでともに生きている眼前の他者をいたわり、ねぎらい、いつくしむことへと向かおうとするのではないか。このように見るとき、「かなしみ」は私たちにとって、「競い合い」や「争い合い」ではない仕方で他者へと向かうもう一つの「生きる力」ともう一つの「生きることのよろこび」を生み出す原動力となるように思われる。

　「かなしみ」の立場は、日々の生活の中で、「競い合い」や「争い合い」における努力や工夫を通じて私たちが得た勝利や成功を「よろこぶ」ことを一義的に否定するのではない。勝利や栄光に伴う「よろこび」の体験は、人生には敗北や失敗の可能性が構造的に抱え込まれており、どうしようもなく届かぬ思いや叶わぬ願いがあることが避けられないといった、人間として生きることの原理的な有限性の自覚へと深められていくなら、「競い合い」、「争う

合う」生き方を貫き超えた根源的な「生きることのかなしみ」へと私たちを目
覚めさせうるだろうからである。そのようにして目覚めさせられたかなしみ
は、もはやいうまでもなく、生きていく上での不運や不幸に対する単なる嘆
きではない。上に見たように、それは、如何ともし難い不完全性といのちの
避けられない有限性を互いにともに生きている眼前の他者へのいたわり、ね
ぎらい、いつくしみの思いと営みを私たちにもたらすものとして、むしろ最
も深い次元における「生きることのよろこび」とさえ言えよう。そして、そ
れはまたおそらく、シベリアでの過酷な抑留体験から、人間として生きるこ
との尊厳と悲惨を執拗なまでに見つめ続けた詩人石原吉郎が「ほんとうの悲
しみは、それが悲しみであるにもかかわらず、僕らにひとつの力を与える。
僕らがひとつの意志をもって、ひとつの悲しみをはげしく悲しむとき、悲し
みは僕に不思議なよろこびを与える。人生とはそうでなくてはならないもの
だ」（石原 1980: 126-127）と表現した「ほんとうの悲しみ」、「不思議なよろこび」
と異なるものではないと思われる。

　私たちが人間として生きていく中で抑えがたく溢れ出るこうした「かなし
み」の思いが、その眼差しを惜しみなく注ぐのは、私たちとしばしともにあ
りつつ移ろい、褪せ、衰え、枯れ、消えゆくものに向けてである。それらは
総じて、いわばどうしようもなく不完全なもの、如何ともし難く至らないも
の、否応なく有限なもの、是非なくあわれなもの、それ故にこそこの上なく
いとしいもの、すなわち、とりもなおさず、一つひとつのいのちそのもので
ある。いのちは、そのような「かなしみ」の眼差しにおいてはじめて、その
あるがままに受け入れ合われ、養い合われ、支え合われ、生かし合われ、見
守り合われ、そして見送り合われるのではないか。

5．「かなしみ」の教育へ——むすびにかえて

　以上、「よろこび」に定位して生き方を語る教育学における常道的な思考
のあり方に対して、人間として生きることの根本的な実相を「かなしみ」の
もとに捉えるという立場から、「生きることのかなしみ」に深く根ざす教育
の本質を素描した。それはまた、「かなしみ」の問題を教育人間学的に論究

する一つの試みであり、教育の本質について、教育人間学研究はどのような視点から議論にかかわろうとするのかという問いへの私なりの応答の試みでもあった。とりわけ、学習指導要領に示される「生きる力」の語られ方をめぐって、教育人間学の立場からどのような提言ができるかという点に注意を向けつつ議論を進めた。

　小論での考究を通じて明らかにされた「生きることのかなしみ」に深く根ざす教育の本質理解に基づくとき、「生きる力」とは、以下のように述べることができよう。すなわちそれは、誠実に懸命に努力すれば、「いつか思いは届く」、「きっと願いは叶う」といった信念によって支えられた、困難や逆境にどこまでも打ち勝とうとするあり方に人間の目指すべき「強さ」と「気高さ」を見るところから生まれるような「生きる力」ではない。そうではなくて、人間であることの原理的・根本的な有限性や不完全性を痛感させられる出来事や事態に面して、「思いはおそらく届かない」、「願いは多分叶わない」という断念に貫かれつつ、それでも最期の瞬間まで思い続け、願い続け、届かないまま、叶わないまま生き抜こうとすることを可能にするような「生きる力」である。

　それはまた、社会的にあるいは経済的にのみならず、総じて人間として生きていくうえで、「勝利」や「成功」という表現で示される状態を目指して競い、争い、戦うことをしないような「生きる力」でもあるだろう。「生きることのかなしみ」の相のもとでは、「勝利」や「成功」はいのちの本分ではないからである。「かなしみ」の立場に立つ教育人間学は、生きることをめぐる徹底的な「非戦」の教育を夢想するのである。

　「勝利」や「成功」が、よろこびであり栄誉であり獲得であるという捉え方が、歴史の中で長くその命脈を保ってきたことに鑑みるとき、「戦わない」という「生きる力」を教育においてはぐくむことは、確かに容易ではない。生きることの意味を、詮ずるところ、生きていく上での諸活動における「勝敗」や「成否」で捉える立場からすれば、「戦わない」とは「勝利」や「成功」の可能性をあらかじめ放棄することであり、「生きることのよろこび」を得ることの否定だろう。だが、ここまで見てきたように、「かなしみ」の教育人間学

の立場からすれば、生きることは、原理的な有限性や不完全性に貫かれており、「勝利」や「成功」を含む「完遂」や「成就」は、私たちの人間としての生き方を語る言葉として、圧倒的に狭く浅く粗いと言わねばならない。

　私たちは日々の生活の中で、「勝利」や「成功」こそが「生きることのよろこび」をもたらすことを信じ、ひたすら勝敗を競い合い、成否を争い合いがちである。しかしながら、もしも、そうした互いに競い合い、争い合うというあり方のすべてが「生きることがかなしみであること」の紛れもない証しであるということに深く気づける機会に恵まれたら、そのとき私たちは、「勝利」や「成功」への欲望から多少なりとも解き放たれるだろう。そして、そうした「生きることのかなしみ」のもとにともにあることの自覚を通して、如何ともし難く有限で不完全な互いの人間としてのあり方に対するいたわりやねぎらいやいつくしみを改めて生き始めようとするだろう。

　すさまじい勢いで「発展」を続ける情報通信や移動にかかわる科学技術の圧倒的な力によって、現代社会における人間の生き方や人間関係のあり方は大きく変わりつつある。それに伴って、学校教育や教職、教職課程教育や教師教育は、社会の変化に適切に対応することを今日強く厳しく求められている。そして、こうした求めに応えるべく、学校教育や教職に関する新たな理論や実践のあり方が提言されている。また教職課程教育や教師教育に関しても、その内容や方法がさまざまに工夫されている。学校教育や教職の社会的使命や役割に鑑みれば、それは当然のことと言われよう。

　しかしながら、日々の生活の中で社会の激しい変化に巻き込まれつつもなお、この世における私たちにかかわるいのちの誕生と臨終をめぐる出来事は、私たちの人生にとっての根本事象として、一貫して変わらぬ重要な意味をもつこともまた明らかである。今朝も新たないのちが縁ある人々のもとで産声をあげ、今夕も最期を迎えたいのちは留めるすべなく息を引きとるだろう。先ほど産声をあげた子どもを私たちは抱き上げ祝福する。今し方息を引きとった人の枕元で私たちは頭を垂れ合掌する。私たちの生活を便利で豊かにする科学技術が限りなく進歩発展するかのように見える一方で、私たちの限りあるいのちはそのようにして、縁ある人々のもとに営営と生まれ、育ち、

老い、病み、そして逝くのである。こうしたいのちのありさまを、小論は「生きることのかなしみ」と捉えたのであった。

　変化の激しい現代社会における学校教育や教職への要請は厳しくまた期待も大きい。そのような要請と期待の内容は一般に、私たちが人間として生きることの意味を、社会的有用性や経済的有益性の観点から捉え、指し示そうとするもののように思われる。そして、そうした観点から提示された実生活上の目標の達成や課題の実現が、「生きることのよろこび」と結びつけて教育的に価値づけられていくことになるのだろう。教員養成や教師教育のカリキュラムや科目内容は、確かに、これらの社会経済的な観点からの要請と期待に対して無頓着や無関心であることはできない。だが同時また、上に見たように、有限ないのちを生きる存在としての私たちは、社会の激しい変化の中にありつつ、紛れもなく、人間としての変わらぬかなしみを生きてもいるのである。教育が、こうしたいのちの有限性の実相に深く根ざす営みであり、教職がいのちの有限性の自覚に貫かれた仕事であろうとする限り、教員養成や教師教育の根本には、私たちが生きることの意味について、社会的有用性や経済的有益性の観点を超えて捉える視点が不可欠であると言わねばならない。

　このように考えられるなら、「教育基礎論」や「教職原論」といった教職課程における基礎的原理的科目の中で「生きる力」について取り上げる際、「生きることのよろこび」をめぐる従来の議論を丁寧に吟味しつつ、「生きることのかなしみ」へと論を深めていくことができるのではないか。学校教育における教師としての私たちの実践は、社会経済的な要請と期待に応えつつもなお、「生きることのかなしみ」に貫かれた「生きる力」の意味を語ることに向けて開かれているはずである。

　「かなしみ」の教育という希望は、まだ潰えてはいないと思われる。

注

1　小論は、最近のいくつかの拙論（鳶野 2012、2016、2017a、2017b、2017c）における問題意識や考究課題と密接に連関している。参照願えれば幸いである。

2　「生きる力」をめぐる議論と関連させつつ、生きることにおける「感動体験」

の重要性がしばしば語られる。感動体験は、その感動をもたらした出来事やその出来事にかかわる人物や事物への知的社会的関心や共感的理解などを喚起し、「成長」や「発達」につながる体験であり、「生きる力」をはぐくむ教育的意義があるとされるのである。小論はそうした「感動の教育」を一概に否定するものではない。ただ、教育の営みが、いわば人間として生きることにおける中層的な「感動の次元」にとどまらず、深層の「かなしみの次元」を語る言説水準に開かれうることを示唆したいのである。

3　「生きる力」についての今日的言説では、「強度」や「硬度」と並んで、例えば「既存の枠組みにとらわれず、多様な観点から新たに課題を見出し、柔軟な姿勢で達成や解決をめざす」といった「多様性」や「柔軟性」のイメージも語り加えられることはある。だがそうした「多様性」や「柔軟性」の語りも、困難に面しても怯まずに向き合い、最終的に成果や勝利を得るための方途として、「生きる力」を位置づけているように思われる。

文　献

石原吉郎 1980「日常への強制」『石原吉郎全集』第 2 巻　花神社

大野晋 1966『日本語の年輪』新潮社

白川静 1995『字訓 (普及版)』平凡社

新村出編 2018『広辞苑 (第 7 版)』岩波書店

鳶野克己 2012「「生きることのかなしみ」という力―かなしみの教育人間学に向けて―」田中毎実編『教育人間学―臨床と超越―』東京大学出版会

鳶野克己 2016「「かけがえがない」とはどういうことか―「別離」の教育人間学試論―」鳶野克己編『人間を生きるということ―「体験」の教育人間学に向けて』文理閣

鳶野克己 2017a「「生きることのかなしみ」再考」『教育哲学研究』115 号

鳶野克己 2017b「「さようなら」を学ぶ―別離としての教育／教育としての別離―」『関西教育学会年報』41 号

鳶野克己 2017c「「いのち」をかなしむ―道徳教育の基盤への一視点―」田中耕治編『教職教養講座第 6 巻　道徳教育』協同出版

日本大辞典刊行会編 1973『日本国語大辞典』第 5 巻　小学館

山田太一 1995「断念するということ」山田太一編『生きるかなしみ』筑摩書房

Ⅱ　実践交流記録

業務日誌の定量的分析からみた中学校長職務の
特徴について

荒井龍弥（仙台大学）

1．問題と目的

　全国私立大学教職課程協会に属する大学教職員のみならず、教員養成を行う大学の教員の多くは、専門とする学問領域の研究者でありながら、同時に教職志望学生に教員としての資質を身につけさせるべく日々努力を重ねている。一方、各学問領域においては本当にその学問が教育現場にとって有用な知識技能を産み出しているかという議論が繰り返しなされている。この議論が結論を得ないまま繰り返されることは、直ちにその学問領域が教育現場にとり不毛であることを意味するのではない。一般にしばしば立ち止まって自らの立脚点や方向性を省察することは極めて健全な学問の営みの一部であって、このような問いがなくなることこそ、憂慮すべき事態であろう。

　こういった議論の背景には、それぞれの学問領域において得られる知見は、時代や題材、地域などといった研究対象の範囲を限定することによって得られることが多く、従ってそれらの知見は限局的であることが挙げられる。それゆえに、教員が職務遂行上出くわすであろうあらゆる場面に一般化して適用しようとした場合に妥当であるとは限らないのである。

　大学教員が大学以外の学校教員として職務に携わった場合、こういった限界は具体的にどのようなものとして現れるだろうか。また、それは教員志望の学生の資質向上を目指す大学教育にどのような示唆を与えることができるだろうか。本研究はこの点に着目する。

　筆者は2010年の宮城県公立中学校長特別選考を経て、2011年4月から

2014年3月まで、宮城県内の公立中学校の校長として出向した。赴任先は1学年6学級、全生徒数600人超の近年にしては大規模校に数えられる中学校であった。それまで筆者は教授学習過程心理学を専門とし、小学校等での授業開発やその実践、評価を通じ、児童生徒の認識の変化について検討してきた。フィールド研究も兼ね小学校や高校での非常勤講師を経験したものの、大学以外で専任教員としての経験はなかった。これらの経歴から、大学を除く学校現場には多少ともなじみはあれ、赴任先でそれまで得た知見の限界に直面するであろうことは十分に予想できる。

　それでもなお校長となった動機は、教員の授業への取り組みや生徒の学習を現場でつぶさに見聞し、できれば授業改善の役に立ちたいという単純な思いであった。しかし、多岐にわたる校長としての業務をこなすのにかなりの労力を費やすために、日々の授業に定常的に入りこむのは容易ではないことを改めて痛感した。

　一方、筆者は赴任当初から約2年間にわたり、「業務日誌」と呼ぶ日記形態で日々の業務内容や感想などを綴ってきた。この「業務日誌」は備忘目的のみではなく、筆者が所属する大学の教職員や学会員など限られた読者に向け、中学校長としての日々の生活や思いを紹介する意図のもと作成していた。したがって日誌中の記述は、冒頭述べた限界、すなわち大学教員が校長として違和感を持ったこと、珍しいと感じたこと、重視したこと等が優先されて表出されていると考えることは不自然ではなかろう。

　そこでこの日誌中に綴られた文言を検討することにより、これらの限界点を具体的に明らかにすることが第一の目的である。また、これらの検討を通じ、大学において教員志望学生に対する問題提起や指導の一助として活用しうることがらをさぐっていくことが本稿の第二の目的である[1]。

2．方　法

　上述の「業務日誌」に記された語の種類および頻度、さらに語相互の関連性について計量的に検討する。日誌は2011年4月から1年半にわたり2012年末まで作成され、数日分の記載を1ページにまとめ、順次読者に配信され

た（これ以降は諸般の事情で作成されなかった）。2011 年は A4 用紙で 47 ページ（表題は『右往左往校長の迷走日誌』、2012 年は同じく 32 ページ（『右顧左眄校長のもたもた日誌』）であった。内容は上述のように日々の業務や出来事とその感想のほか、教員や生徒に向けたあいさつ文の原稿等も含んでいた。日付は休業日を除きほぼ毎日の 468 日分であり、合計 5,582 文からなる（表題を除く）。使用語彙数は 6,997、助詞や助動詞など、それ自体では意味推定が困難な語を除いた分析対象総語数は 35,230 であった。テキスト分析は KH Coder ver2（樋口、2014）を使用した。

3．結　果

(1) 語の出現頻度

　まずは 468 日にわたる記事のうち、特定の語が何日分記述にあらわれたかという頻度を見ていく[2]。この結果の上位 30 語を**表 1** に示した。

　単独で意味のとれる語を見てみると、生徒（48.7%）、校長（41.7%）、教員（29.9%）、教頭（22.4%）、仙台大学（20.5%）、中学校（20.3%）、保護（者）（16.0%）など、人や機関に関する語を中心に日誌が記されていることがわかる。教員、特に校長は人間関係の中での職務であることが改めてわかる。

表 1　出現頻度の多い語の日数と出現率（上位 30 位）

順位	抽出語	日数	出現率	順位	抽出語	日数	出現率	順位	抽出語	日数	出現率
1	生徒	228	48.7%	11	見る	113	24.1%	21	仙台大学	96	20.5%
2	思う	220	47.0%	12	話	112	23.9%	22	中学校	95	20.3%
3	校長	195	41.7%	13	授業	108	23.1%	23	帰る	85	18.2%
4	言う	194	41.5%	14	聞く	107	22.9%	24	会議	82	17.5%
5	学校	189	40.4%	15	市	106	22.6%	25	大学	79	16.9%
6	先生	176	37.6%	16	教育	105	22.4%	26	前	75	16.0%
7	来る	170	36.3%	17	教頭	105	22.4%	27	多い	75	16.0%
8	行く	155	33.1%	18	時間	103	22.0%	28	保護（者）	75	16.0%
9	教員	140	29.9%	19	出る	101	21.6%	29	人	73	15.6%
10	午後	115	24.6%	20	指導	100	21.4%	30	終わる	70	15.0%

(2) 語の分類

　次に、記述された語の分類を試みる。総文数 5,582 の約 1% にあたる 56 回以上の出現語句（単純頻度）は 53 語あった。これらの語について階層的クラスタ分析（語相互の Jaccard 距離を指標とし、ward 法による連結を行った）により 10 カテゴリに分類した結果を**表 2** に示す。

　これらの 10 カテゴリは、含まれる語の内容より 1. 大学連携、2. 話を聞く、3. 震災対応、4. 勤務様態、5. 生徒指導、6. 報告文書作成、7. 対人業務、8. 職員会議、9. 県大会、10. 公的研究会と解釈された。筆者が日誌を作成する際、予めこの 10 カテゴリを意識していたわけではないが、結果的にみると、いずれも時間的あるいは心理的負荷がかかった印象に残っていることがらであることからも、本解釈は妥当であると思われる。

　これらを見ると、「話を聞く」や「震災対応」、「大学連携」といったカテゴリがとりわけ特徴的である。筆者はそれほど傾聴姿勢を意識していたわけではないが、校長として状況把握のために話を聞くことが多かったことがこの結果からうかがえる。震災対応については東日本大震災直後の日誌であるこ

表 2　クラスタ分析による結果と解釈

クラスタ no	語句								解釈
1	仙台大	連携	学校	行く	授業				大学連携
2	話	聞く							話を聞く
3	対応	震災							震災対応
4	教頭	校長	先生	仕事	部活	帰る	終わる	出る	勤務様態
	朝	中学校	入る	学年	考える	前	今日		
5	生徒	指導							生徒指導
6	作る	市教委	報告						報告文書作成
7	教員	大学	人	自分	思う	言う	関係	来る	対人業務
	保護	多い	問題	時間	結局				
8	会議	職員							職員会議
9	大会	県							県大会
10	研究	市	教育	準備	午後	委員			公的研究会

とから関連事項の記載がみられたと思われる。大学連携については以下の考察で述べる。

(3) 第7カテゴリに属する語の相互関係

　上述の10分類のうち、第7カテゴリに分類された「対人業務」の13語には、「自分」や「思う」、「言う」、「多い」といった語が含まれており、職務上筆者が感じた特徴や課題が反映された記述がある可能性が考えられた。そこでさらにこの13語の出現時の関係を詳しく見るため、共起ネットワークを作成した。**図1**は共起関係（一文中に同時に出てくる語）の多い15ペアについて描画したものである。結果として比較的共起関係が小さかった「時間」と「結局」の語は図1から省かれた。

　「保護」、「教員」の語と「来る」という語の共起関係が強いことから、保護（者）や教員が校長（筆者）のところに来た際の記述が多いこと、さらに「問題」の語と「多い」の語の共起関係が強いことから、問題が多いと思っている件について記述が多くなされていることがわかる。

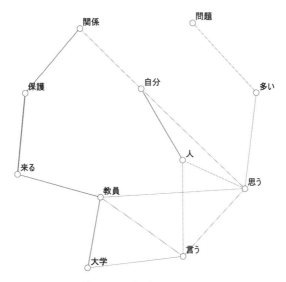

図1　第7カテゴリ内の語の共起ネットワーク図

(4)「教員」および「思う」または「言う」の同時記載内容

　本稿の目的に照らし、第7カテゴリの共起ネットワークのうち、「教員」と「思う」、また「教員」と「言う」が同時出現している文に着目した。一文の中に「教員」と「思う」が同時記載されているのは15か所、同じく「教員」と「言

表3　「教員」と「思う」「言う」の共起文（筆者主体のもの）

対象	文脈内容	該当内容
業務	学年所属	所属が細分されることで、教員個々の力は発揮されて仕事は回りやすいように思う。
	研修	(公的研究会の多忙さについて)教員の資質向上が大義名分だが、だったら別の手はないもんかねえ、と思った。
	大会	いくらメジャー競技ではなくても、ちゃんとやるなら全国大会の実施を実行委員会方式で現場教員に投げるのは無理があると改めて思った。
	年度初め	やっと教員が揃ってから2〜3日で細かいところまでとても回らないわけで、仕方がない部分もあるものの、ちょっと慌ただしすぎやしないかと思った。
	連携授業	教員はばらばらに授業やっているようだが、基本となるベクトルは統一しておくんだ、などと格好いいことを言った。
資質	研究会	改めて教材に対する知識の広さ深さが教員の生命線だよなあ、と思った。
	研修	校内研究は校内研究でつきあって、自分の教員として究めるべき内容を(時間かけて)取り組むというのが真っ当なやり方だと思うのだが、特に若い層は校内研究さえやっておけばいい、という傾向がありそうだ。
	指導主事訪問	ときどき教員は意外に厳しい序列社会なんだ、と思う時がある。
大学	大学卒業式	産休教員のこともあり、出向中の身としては出るものではないと思う(来られる方だってさまざまな受け取り方がありうる)が、仙台大としてやっていることの報告機会拡大や中大連携という立場から、そんなことは言ってられない、何でもありだと思って出て行った。
	連携授業	結果としては、そういう準備を大学側も昨年はしてくれていたわけで、さらに中学側の教員の関与がやや強まる程度で、今までの路線とそれほど変わりはないと思う。
	連携授業	(学校現場の情報提供について)仙台大では少しはしていると思うが、他の大学ではそういう機会が少ないのか、大学教員では迫力なくて聞き飛ばしかもしれない。
その他	法的場面	裁判になるような事例は、保護者なり教員の行動なり生徒なりどこかが極端な場合があることは割り引かなくてはならないが、信頼関係だの経験だのだけでは負ける場合があるな、と思わせられた。
	教育実習	指導教員も大変だったと思う。
	研修会	冒頭そういうのも含め、中学校での感想をしゃべっていたら、何だかグチをしゃべっているような気になってきて「皆さんに言ってるんだか、うちの教員に言ってるんだかわからなくなりました」と謝った。
	駐車車両	もしやと思い事務長に調べてもらったら教員だった。

う」が 14 か所あった[3]。あわせた 29 文について、「思う」「言う」の主体（主語）と、その対象に着目し筆者が分類した。この結果、筆者自身が主語となっている文は 15 文であった。これらの文を**表 3** に示す。

4．考　察

(1) テキストマイニングの結果から

　教員の仕事は生徒、同僚といった人間が相手である。出現頻度はこれを反映していると考えられる。校内でこれらの人々と共に過ごすことはかなり長いことから、人間関係の調整・改善能力が教員には求められているといえよう。

　ただし、日誌では筆者の新しい職場におけるなじみの薄い人々との関係が記述の中心であることから、より強調されて表出した可能性も考え合わせておく必要がある。

　すなわち、筆者は当時対外的な業務として校長会や教育委員会その他の会合等への出席、保護者を始めとする来客対応などがかなり多いように感じていた。学校にもよるが、校長は地域の公民館委員や自治体の関連団体の委員などいわゆる「充て職」が多い。ただそこでは、会合のけん引役や実務を期待されるというよりは、原案追認のための役割がほとんどであった（有効な対案を出せなかった筆者の能力不足も多分にあるとは思われる）。表 1 において 17.5% にあたる 82 日に「会議」の語が現れているのはこのような事情もあるだろう。

　2013 年の学校教員統計調査では、小学校教諭の 0.8%、中学校では 0.7%、高校では 0.4% の休職者があるという。これらの休職の原因として、人間関係がうまくいかないことが多いことはしばしば指摘されることがらである。教員以外と比べると、例えば厚労省 29 年度調査では、メンタルヘルスが原因で休職ないし退職した人の割合は 0.7% であった。したがって前述の教員の割合は特に高いとは言い切れないことは考慮に入れなくてはならない。しかし、生徒との関係のみならず多様な人間関係を健全に保持・発展する能力が教員に求められることは当然のことといえる。教員志望学生についても、これらの能力の重要性を喚起する指導内容を開発する必要があるだろう。

こういった対人関係の業務に関しては、図1に示した共起ネットワークから各種問題対応や保護者との関係構築といったことがらが対象となることが多いことがうかがえた。様々な問題に対し、同僚や地域の人々を含めたチームで対応することが近年強調されていることも考え合わせると、教員志望学生には個々の問題対応能力だけではなく、さまざまな人々との協力体制の構築・保持能力が求められることが想像できる。

　また、共起文検索の結果から、巷間指摘される教員の多忙性が実感される。しかしながら一方で大学人としての筆者は、自らの教育者としてのキャリア形成に取り組み続けることが重要であると考えていることも指摘しておきたい。教員志望学生を含めた若手教員にはこの点を伝え続けることが養成者である大学の側に立つ者としての責務であるとも言えるのではなかろうか。表3の「資質」面では「教材に対する知識の広さ深さ」、「教員として究めるべき内容に（校内研究などとは別に）取り組む」という記述があらわれている。

(2) 大学連携について

　日誌にはしばしば「大学連携」ないし「連携授業」という語句が出現している。この件に興味をお持ちの向きもあるようなので、以下で簡単に触れておきたい。筆者が中学校に出向した時と機を一にして、仙台大学では教育実習前の2・3年次の教員志望学生に対し「教職キャリア演習」という科目（免許取得上の必修科目ではない）が立ち上げられた。内容の一部には、合計で4〜5日間程度学生が小学校もしくは中学校に出向き、教師による授業や特別活動（大会など）の補助を行うことを含んでいる。この科目の目的は、学校における教員の活動を実地に目の当たりにすることである。

　この部分はいわばプレ教育実習とでもいうべきものとも共通するが、この科目の内容は学校訪問よりもう一歩踏み込んだものとなっている。すなわち、小・中学校側がより多人数の指導的関わりが必要な単元（例えば陸上記録会に向けた練習や水泳、柔道など）の実施時にあわせ、学生を派遣する。実施にあたっては、事前に派遣先校の教員に大学まで来てもらって説明をしてもらったり、大学教員がオリエンテーションや指導の準備を支援したりした上で学生を派

遣する。また、派遣日には必ず毎日大学教員(担当者は5～6名)が学校を訪問し、助言や問題把握にあたるなどの対応をとっている。この科目は現在でも継続しており(半期、年間2コマ開講)、毎回20～30名程度の学生が履修している。一方的な依頼や「丸投げ」対応をとらないことから、筆者の出向が終了してからも継続できているものと考えている。

　この科目の立ち上げにあたっては、受け入れ側の小・中学校の教員とかなりの打合せを要したことから、日誌の記載が多くなったのではなかろうか。

(3) 震災対応について

　表2第3クラスタに示した震災対応について付言しておく。東日本大震災やそれに続く各地の自然災害を受け、地域の防災拠点として学校の役割がさらに重くなるような提言がなされている。例えば避難所は自治体が主体となって開設、運営にあたることと定められているが、自治体が麻痺状態になったり、職員が避難所までたどりつく交通手段が確保できない状態になりうることや、何より避難所となる学校のどこに何があるのか、何がないのか、ということは自治体職員よりは学校教職員のほうが詳しく、したがって教職員が避難所開設には欠かせない存在として考えられている。

　教員にとっては、しかし、いささか畑違いの話でもある。児童生徒を相手にその成長を願い、促していくための方法やありかたについて究めていこうとしてきた教員の専門外のことばかりが震災対応などの緊急時には業務内容の多くを占めることとなっていく。こういった教員の専門性についても議論が深められる必要があるだろう。

5．終わりに

　本稿ではテキストマイニングツールを用いて、6～7年前の日誌執筆当時に筆者が感じていたことがらを改めて見直した。分析結果を通じ、改めて当時の思いや行動を想起することができたように思う。こういった効果、また個人情報への配慮等も可能なことから、量的分析手法は有効であったと考える。

注

1　本稿作成にあたっては、荒井 (2018a) や荒井 (2018b) での討論内容を踏まえ
　た。特に全私教協研究大会においては、大学教員が中学校に出向するとい
　うのは全国初の試みであることから、筆者が現場で感じた生の思いをより
　明確にすべきとの示唆を頂戴した。本稿はこの方向性のもと、改めてデー
　タを再分析した。

2　荒井 (2018a) や荒井 (2018b) では、副詞等の付属語や「する」「来る」「言う」
　などといった意味を同定しにくい品詞は分析より外して扱った。その後、以
　降の分析をふまえれば意味推定は可能との助言を頂戴したため、本稿では
　除外しなかった。

3　動詞である「言う」「思う」の活用形も含めている。

引用・参考文献

荒井龍弥　2018a「教職学生に求められる資質とは―業務日誌に着目して―」『全
　私教協第 38 回研究大会要旨集』42

荒井龍弥　2018b「大学教員が中学校長となったとき―中学校のエスノグラ
　フィー―」『日本教授学習心理学会第 14 回年会予稿集』52-53

樋口耕一　2014『社会調査のための計量テキスト分析』ナカニシヤ出版

Ⅱ　実践交流記録

近畿大学の教員養成サークル「教職ナビ」の活動について

杉浦　健（近畿大学教職教育部）

はじめに

　「教職ナビ」は、近畿大学において、約15年の歴史を持つ教員を目指す学生たちのサークルである。平成16年理工学部の学生を中心として教職教育部、理工学部の教員のサポートを受けて立ち上がり、平成28年まで8年連続200名以上の採用試験合格者（現役、卒業生合計）という、近畿大学の教員採用の実績を向上させるにあたって重要な役割を果たしてきた。本稿では、この教職ナビの活動を紹介することで、教員養成における学生支援がいかにあるべきかのヒントを提供できればと思っている。

１．教職ナビの歴史

　教職ナビは、現在でも3月に実施している採用試験対策講座において希望学生を募集し、それに応じた理工学部を中心とした学生の自主サークルとして立ち上がった。立ち上げにあたっては、平成16年に発足した高大連携室が、それまで各学部や教職教育部が独立して行っていた採用試験対策を連携して行う部署となり、そこに所属する教員が中心となって、各学部、教職教育部の教員も連携してサポート役を担った。

　採用試験受験の当事者である学生がその気にならなければいい成果は期待できないとの考えから、発足当初より学生の自主活動を中心としてきた。学生達は集団討論や学習会等を度々計画し、活動してきた。正規の学生サークルとしては認められていなかったため（現在でも一般的な意味での大学公認サークルではない）、高大連携室が会場借用、金銭面（コピー代など）の支援を行っ

てきた。3年後にはすでに50人を超え、後述する現在の全体ナビと教科ナビの構成になっている。

　なお教職ナビの発足については石川(2007)により詳しいいきさつが示されている。また現在では当時高大連携室の担っていた採用試験対策は教職教育部が行っている。

2．教職ナビの構成

　教職ナビは現在1年生から4年生までの約400名程度が所属している。サークル長である「教職ナビ代表」1名、「副代表」2名で全体を統括し、その下に各教科ナビがある(図1)。教職教育部の教員である1名が顧問となっており、教職ナビ代表、副代表と週1回ミーティングを行って運営等を指導している。

3．教職ナビの活動

　教職ナビの主たる活動は、各教科ナビで行われている。教科ごとに教科長1名、副教科長2名が中心となり、週1回、多くの場合、学部のアッセンブリアワーの時間に活動を行っている。ここでの活動は、採用試験対策である面接練習、模擬授業を中心として、そのほかにも実際に学校で使えるようなアイスブレイクやリクレーション活動などを行っている。企画は学生たちが言うところの「有志」が運営している。

　また1ヶ月に1回、教職ナビ全体会が行われている。この全体ナビでは、各教科ナビが企画を立て、全教職ナビ学生を対象とした活動を行なっている。例年4月は、別キャンパス(奈良生駒キャンパス)にある農学部が担当を行っ

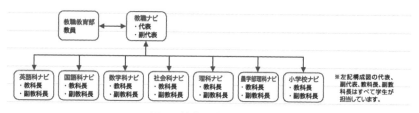

図1　教職ナビの構成

ており、キャンパスにある里山を巡ったりするという (48頁資料参照)。

　また後述するように4年生の採用試験が終了してからは、4年生が面接官になって各教科ナビで面接練習を行うことも多い。

　これらの活動については、教員は直接タッチせず、背後からのサポートは行っているが、企画等はすべて学生が行っていることが特徴的である。

4. 教職ナビ合宿

　教職ナビでは春と冬に大阪府少年自然の家にて宿泊合宿を行っている。春合宿はこれまで6月の教育実習明けであったが、例年多くの学生が受験する大阪府の採用試験が早くなった (7月初旬) ため、平成29年度からは4月末に行っている。本来は、教育実習から帰ってきて、気持ちを採用試験に向けるために行われており、採用試験を受験する4年生のみが参加している。春合宿では教員が面接官となって面接練習を行ったり、自主勉強会、模擬試験などを行ったりしている。

　冬合宿は年末の12月の授業終了後、3、4年生の参加で行っている (図2)。冬合宿では、4年生が教員と共に3年生に面接を行うとともに、代替わりのイベント (4年生から3年生へのエールを送る)、模擬試験 (4年生が3年生のために試験を作成し、実施) などを行っている。企画はある程度例年通りながら、採

図2　教職ナビ冬合宿写真

図3　合格者パネルディスカッション写真

用試験の終了した4年生が、ナビ代表、副代表を中心として各教科長も含めて企画をし、合宿を作り上げている。教員が面接指導に入る以外は、まさにサークル活動と言ってもいい内容である。

5．合格者パネルディスカッション

　毎年10月下旬、ほとんどの自治体の教員採用試験が終わった頃、合格者のパネルディスカッションを開催している（**図3**）。採用試験に合格した学生が後輩たちに合格体験談を語るもので、いつから勉強を始めたか、どのように勉強したか、面接や論作文、模擬授業などの対策はどうしたかなどが報告されている。また実際に面接の答え方や模擬授業の実演なども行われている。

　合格者パネルディスカッションも教職ナビが企画・運営をすべて担っている。もちろん当初は教員からの指導も行われたが、プログラムがある程度定まってからはほぼ学生が主体で運営が行われている。このような自主的な企画・運営が教職ナビの強みであると同時に、それ自体が教員として必要な力を育てるものになっている。

6．近畿大学の採用試験対策

　教職ナビでは、3年生後期より翌年の教員採用試験のための面接練習を本

格的に開始する。当初は 4 年生 (そのうち複数人は採用試験合格者) が面接官に
なって学生同士で練習を行い、その後、教員が入って面接練習をこなしてい
く。この際にも上級生や同級生が面接官役や記録役をこなしている。面接練
習の企画等もすべて学生が計画し、教員のスケジュールを事前に把握してお
き、空いている時間にお願いをする形になっている。そのため、教員は身一
つで面接練習に行き、実施をすればいいことになっており、教員の負担軽減
に大いに役立っている。ちなみにお願い文書もフォーマットが歴代受け継が
れている。

　教職ナビが行う上記の面接とは別に、教職教育部が中心となって各学部の
教員も参加して採用試験対策講座 (例年 2 月〜 3 月) や面接講座 (例年 6 月中旬〜
下旬) も行っている。どちらも教職教育部が中心となりながら、各学部に協
力を仰ぎ、面接官や講座の開設を行っている。この理由の一つは、教職ナビ
に所属していないながら教員希望、採用試験を受験する学生が一定数いるた
めである。

　なお 6 月に行う面接練習では、前年度合格した学生が OB として参加して
おり、学校の様子や近況、合格の秘訣などを学生たちに伝えてくれている。

7．教職ナビ成功の秘訣

　教職ナビは、教職教育部教員のサポートを受けながらも、あくまで学生の
自主サークルの形を取っている。そのため教員がお膳立てをするのではなく、
また教員にやらされて活動をするのでもなく、学生が自律的に活動できてい
る。そういう意味で、教職ナビはまさに「学生の自主サークル」なのである。
他大学では、教員採用試験の対策や企画などに教員がかなりの時間を費やし
て行っている一方で、学生の自律的な活動が弱く、教員の負担が大きくなっ
ているという話も聞く。それに対して、教職ナビは長年にわたって継続して
きた活動の中でノウハウが蓄積されており、持続可能な形で採用試験や教員
として成長するための活動が行われている。これが大きな利点となって、採
用試験の結果も出ているのだと思われる。

　また近畿大学は総合大学のため、文系、理系さまざまな学生が所属してお

り、それぞれ得意分野を教え、苦手分野を学ぶという、お互いに学び合い、教え合い活動が可能になっている。当然、同じ教員を目指すという目標の共有が動機づけの維持につながっている部分もあるし、さらに幹部学生にとっては、サークル運営そのものが教員になってから必要となるクラス運営の能力やコミュニケーション能力の育成にプラスになっている。例えば、合宿では幹部学生によるリクレーションの企画運営もなされており、それ自体が修学旅行や宿泊合宿のシミュレーションになっていると言える。

　その他にも、合格者パネルディスカッションや合格体験記の作成など表立った活動はもちろんのこと、面接練習や、採用試験対策、教師塾、ボランティアの紹介など、上級生からの下級生に対する指導、情報伝達が伝統的に行われていることも大きな意味を持っていると思われる。

８．教職ナビへの教員のサポート

　学生の自主サークルとは言え、教員のサポートももちろん行われている。近畿大学では、主として「教職に関する科目」を担当する教員が部署を作っている「教職教育部」がセンター方式で教職課程の実務を担っている。他大学では、教職課程の授業を受け持つ教員と、教員採用試験の対策を行う部署が分かれているところもあるが、近畿大学では教職課程の授業を受け持つ教員がそのまま採用試験対策にも尽力している（ただし、採用試験対策を主として受け持つ教員の授業数は少なめにしている）。教員は学生たちの企画した面接指導、模擬授業指導などを担当するとともに、校長経験のある教員が顧問となり、ナビ代表三役（ナビ代表、副代表２名）と定期的にミーティングを持ち、組織運営や教員連絡の方法などについて指導を行っている。

　また教職ナビ所属ということが、その学生が教員第一希望であることをある程度表すため、学部のゼミ教員などに教職に関しても学生の指導に積極的に取り組んでもらえるという利点もある。教職ナビができる前は、教職課程の開設は各学部ながら、教職課程履修を積極的に勧めない学部があったり、学部によっては教職課程履修の学生の指導がほとんど行われなかったりしたこともあったが、教職ナビができてからは教職教育部と各学部との協力関係

も良好になっている。

9．教職ナビの課題

　教職ナビの活動が活発になるにつれて、熱意のある学生が1年生からサークルに参加するのに対して、3年になってから教員を進路に決めた学生がサークルに入りにくい現状があり、教職ナビに参加しない学生の指導が不十分になるきらいがあった。そのため、大学主催の採用試験対策講座（主として3年生対象）などでの指導を手厚くするとともに、そこからでも教職ナビに参加することを推奨するようにした。その結果、最近は3年生後半から4年生になってから教職ナビに参加するようになった者も多くなっている。

10．まとめとこれからの教員養成に対する示唆

　教職ナビは教員のサポートを受けながらも、あくまで学生の主体的な活動がメインになっている。その活動が続くことでノウハウが蓄積され、成果につながっていると思われる。これはスポーツなどの部活動における強豪クラブと同じ流れではないかと思われる。立ち上げのみは教員主導であったが、当初より学生が主となり、教員はサポート役であった。都道府県の採用人数の増加もあって成果が上がり、ノウハウが蓄積された。またあの先輩が受かったのなら自分もという心理的効果もあり、それらが伝統を作った。このような好循環が現在の教職ナビの成果の要因と言えるだろう。

　またこのような好循環の中で、教員としての資質能力を向上させようとしていることも見逃せない。ナビでの活動はもちろんの事、教職課程の授業においても、教職ナビの学生がしばしば雰囲気づくりの中心となったり、リーダーシップを取ったりすることがしばしばある。教員を目指し、また教員となる可能性が十分にあることで動機づけが高まり、授業に対してもより積極的に取り組むことができている。またその雰囲気に影響を受けて他の学生達もいい雰囲気で授業を受けられている。このような課外活動での取組みがもたらす授業への良い影響は、これからの教職課程の充実のための糸口となるのではないかと思われる。ただし、今後、採用人数の減少も予想される中

で、どうこの伝統と雰囲気を保っていくか、これが今後の課題である。

参考文献

石川俊一 2007「近畿大学における教員養成の課題と対応について」『近畿大学教育論叢』, No.18, Vol.2, 1-21.

資料　4月全体会報告

日時：2018 年 4 月 15 日（日）2, 3 限

有志（企画者）：農学部生 10 名

参加者：28 名

概　要

一つのマンガをテーマにして、全体を通してストーリー性ある内容にしました。

【活動①：アイスブレイクも踏まえた、三色食品群を用いたゲーム】

食品栄養学科の有志が三色食品群の解説を行った後、お題の食べ物は三色食品群の何色に当たるか？を当てるゲームを行いました。

随時、食べ物や食育の解説・豆知識も盛り込まれ、学びの多い活動になりました。

※活動の目的：食品栄養学科のアピール。最近注目度の高い食育について　考えるきっかけに。

【活動②：これからのエネルギーを考える活動】

エネルギー利用の変遷、エネルギー問題などについて有志がミニ講義を行った後、これからのエネルギーを新しく自分達で考えるというワークを班ごとに行い、発表してもらいました。

※活動の目的：エネルギー問題について考えるきっかけに。創造力などを　養う。

【活動③：農学部を探検しながら、クイズに答えてキーワードを集める活動】

　農学部キャンパスを徘徊する有志を見つけて、クイズに挑戦してもらいました（図4）。

　クイズは農学部にまつわること、理科や生き物にまつわるもの、教職教養など幅広い分野のものを作成し、正解するとキーワードを与えられるというルールにしました。

（天候が優れなかったため、建物内と一部屋外を範囲に）

※活動の目的：農学部キャンパスを知ってもらう（楽しんでもらう）。クイズで楽しく学んでもらう。

図4　農学部全体会写真

Ⅱ　実践交流記録

シンガポールにおける教員の職能成長と教員養成

金井里弥 (仙台大学)

　近年、OECD によるキー・コンピテンシーや、研究者および IT 企業等の連携による P21 (Partnership for 21st Century)、ACT21S などによって考案された 21 世紀型スキルなど、新たな時代に求められる新能力観が提示され、それらを育成し得る教員の職能成長が国内外を問わず課題となっている。OECD の PISA や IEA による TIMSS などの国際学力調査において上位を維持し続けるシンガポールにおいても、2000 年以降、抜本的改革の下で教員の職能成長を推進してきた。本稿では、そうしたシンガポールにおける教員政策および教員養成制度を概観したうえで、同国において教員の職能成長がどのように促進されているのか、そして、同国唯一の教員養成機関である国立教育学院 (National Institute of Education, NIE) における教員養成の質向上への取り組みと、そこにおける全人的教員養成がどのように推進されているのかを明らかにする。

1．シンガポールにおける教育指針

　シンガポールにおける教育政策は、「21 世紀コンピテンシー」(21st Century Competencies) および生徒の成果の枠組み (図 1) を前提としている。「21 世紀コンピテンシー」の枠組みは、その中心に「中核価値」(Core Values) が据えられ、以下 6 つの価値を人格形成の基本であり、姿勢や態度の指針となるものとして示している。

- 「敬意」(Respect)：自他の自尊心の本質的価値を信じ、敬意を払う
- 「責任」(Responsibility)：自分、家族、コミュニティ、国家、世界に対する責任の認識

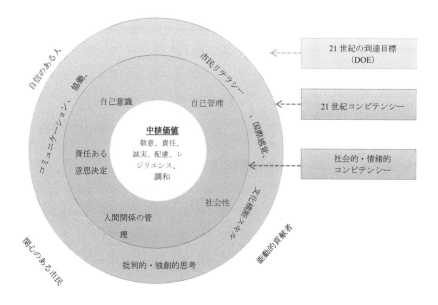

図1　21世紀コンピテンシーおよび生徒の成果の枠組み

出典）Ministry of Education, 21st Century Competencies
　　　https://www.moe.gov.sg/education/education-system/21st-century-competencies

- 「誠実」(Integrity)：倫理原則をもって正義のために立ち上がる道徳的勇気を持つ
- 「気遣い」(Care)：優しさと思いやりをもって行動し、コミュニティや世界の向上に貢献する
- 「レジリエンス」(Resilience)：困難に直面しても精神力でやり通す
- 「調和」(Harmony)：内面的な幸福を追求し、社会的な結束性を促す。多文化社会の結束と多様性を適切に理解する

　また、図1の中間のリングに示されているものは「社会的・情緒的コンピテンシー」(Social and Emotional Competencies)であり、①自己管理、②社会性、③人間関係の管理、④責任ある意思決定、⑤自己意識で構成される。外側のリングは、グローバル化した世界において求められる「21世紀コンピテンシー」であり、その内容は以下のように示されている。

- 市民リテラシー（Civic Literacy）、国際感覚（Global Awareness）、文化横断スキル（Cross-Cultural Skills）：
  世界的視野で多様な人々と協働すると同時に、国家的課題にも精通し、シンガポール人としての誇りをもってコミュニティに貢献する
- 批判的・独創的思考（Critical and Inventive Thinking）：
  失敗や困難を恐れずに批判的に思考、判断し、学び、探求し、独創的に考えることを求める
- コミュニケーション、協働、情報スキル（Communication, Collaboration and Information Skills）：
  有用な情報を見分け、サイバースペースでのリスクを管理し、倫理的に振る舞う。また、集団の目標に向けて他者と敬意をもったマナーで協働し、自分のアイデアを明確かつ効果的に伝える

さらに、リングの外側に示されているものは、学校教育を修了するまでに身に付けるべき特性（属性）としての「教育の到達目標」（Desired Outcomes of Education, DOE）である。それは以下の4点に集約される[1]。

- 自信のある人（confident person）：
  善悪の鋭い感覚、適応力、レジリエンスを持ち、自分を知り、判断の際の洞察力があり、自立的かつ批判的に思考し、効果的にコミュニケーションをとる人
- 自発的学習者（self-directed learner）：
  自分の学習に責任を持ち、疑問を持ち、省察し、辛抱強く学習を遂行する人
- 能動的貢献者（active contributor）：
  チームで効果的に活動し、イニシアティブを発揮し、リスクを推定することができ、革新的で卓越性に向けて励む人
- 関心のある市民（concerned citizen）：
  シンガポールにルーツを持ち、市民としての強い意識があり、物事に精通し、周囲の人々の生活をよりよくするために活躍する人

２．シンガポールにおける教員政策

　2000 年以降、シンガポールでは学習者主体の教育を実現するための教員の専門性の向上を目指してきた。現在のシンガポールにおける教員政策の礎石を成したのは、2001 年に始まった「教育サービスの職能成長とキャリア計画」（Education Service Professional Development and Career Plan, Edu-Pac）である。この Edu-Pac は、教員のキャリアルートとしてキャリア・トラックを設定し、トラックごとの専門性を明確化した。教員は学級担任として初任から数年間の教職経験を経て、下記の 3 つのキャリア・トラックの中から自身が進みたいトラックを選択する。いずれかのトラックに進んだのち、自身の進路転換により、別のトラックに移ることも可能である[2]。

(1) 教員のキャリア・トラック

　① ティーチング・トラック（Teaching Track）
- 学級担任を持ち、児童生徒の指導を主とする。
- 職位は下から順に上級教員（Senior Teacher）、指導教員（Lead Teacher）、熟練教員（Master Teacher）、優等熟練教員（Principal Master Teacher）の 4 つが設けられている。

　② リーダーシップ・トラック（Leadership Track）
- 管理職のトラックであり、職務内容は学校の管理運営を主とする。
- 学校内での職位は下から順に教科 / 学年主任（Subject Head / Level Head）、部局長（Head of Department）、副校長（Vice Principal）、校長（Principal）の 4 つがある。

　③ 上級専門家トラック（Senior Specialist Track）
- 職務内容は、教材や教授法等の研究・開発を主とする。
- 学校教員の職を辞して教育省で研究・開発業務に専念する。

　2005 年には、Edu-Pac の一環として、これらのトラックとその中における職位ごとに求められる成果を明確化する「業績向上管理システム」（Enhanced Performance Management System, EPMS）が導入された。教員の各職位に求められ

る資質・能力だけでなく、そこから得られるべき成果が明らかになったこと
で、それらに応じた、教育養成・研修制度や教員評価制度の刷新、授業研究
(Lesson Study) やアクション・リサーチによる学校ベースでの研修活動の活性
化といった学校改善の取り組みが進められている。その背景にあるのが、学
習者中心主義 (Learner-Centred Value) や子供の全面発達の教育 (Nurturing the whole
child/Holistic education) という理念である。教育省は、このような教育を通して、
21 世紀に求められる教員の到達目標を以下のように定めている[3]。

- 倫理的教育者 (The Ethical Educator)：
  自身の力と限界の認識と他者との協力によって倫理的な教育環境を構築
  する教育者。
- 有能な専門家 (The Competent Professional)：
  学習の促進に有効な教授法と子どもの全面的発達を促す資質を備えた専
  門家。
- 協同的学習者 (The Collaborative Learner)：
  他の教員と協力して課題と対峙し、チームとして協働することのできる
  学習者。
- 変革するリーダー (The Transformational Leader)：
  同僚等と信頼関係を築き、変革を導き、それを統制することのできるリー
  ダー。
- コミュニティの構築者 (The Community Builder)：
  子どもが社会的責任感を身につけ、思いやりのある市民や活動的社会参
  画者となるために、関係者と協働することのできるコミュニティの構築
  者。

また、リーダーシップ・トラックおよびティーチング・トラックそれぞれ
の教員に期待される成果 (Key Result Areas) も定められている。トラックの職階
が上がるにつれて求められる成果は高度化する。ティーチング・トラックの
教員に期待される成果は下記のように 6 つの領域に区分されており、各領域
の中に更に細かい成果基準が設けられる。例えば、①「生徒の質の高い学習」
の領域には、「学習環境の創造や生徒の意欲向上」という項目があり、そこ

では、ティーチング・トラックの教員の職階があがるにつれて、教室内の課題への対応から学校全体の学習風土の形成へ、さらには同じ地区の他の学校に対する貢献（有効な戦略や模範の例証的な提示）へとその成果の範囲が拡大される。そして、それらの職階ごとに明示される成果の基準は、教員評価に直結され、その基準に沿った職能成長が期待されている。

(2) ティーチング・トラックの教員に期待される成果

① 生徒の質の高い学習（Quality Learning of Pupils）：

生徒の学びや、やる気を向上させる教室環境の創造。革新的で創造的な教授テクニック・戦略を用いた、能力の異なる生徒たちへの対応。

② 生徒のパストラルケアと幸福（Pastoral Care & Well-Being of Pupils）：

生徒の幸福と人格の発達を促す配慮、信頼、親睦の文化の提供。生徒のニーズや期待を明らかにするための様々な手法を用いた指導と支援。

③ 部活動運営（Co-Curricular Activities）：

生徒の知的、身体的、感情的、道徳的、社会的発達を通した望ましい価値観と態度の育成。生徒の潜在能力を最大限生かすための機会としての部活動。

④ 学校への貢献（Contribution to School）：

学校のイニシアティブや責務に対する主体的な取組み。

⑤ 保護者との協働（Collaboration with Parents）：

生徒の学習目的を最大限に生かすための保護者との協働。

⑥ 職能成長（Professional Development）：

共有、革新、リサーチを通した教員自身の継続的な学習。同僚教員の専門性向上のための必要な指導と研修の提供。

さらに、教育省は 2017 年に教員の授業実践の質向上のため、「シンガポールの教授実践」（Singapore Teaching Practice）の構想を提示した。そこでは、専門職としての教授実践の要を「教育学的な実践」（Pedagogical Practices）とし、生徒と学習の理解（Understanding Students and Learning）、教えるということの理解（Understanding Teaching）、シンガポールのカリキュラム哲学（Singapore Curriculum

Philosophy)、教科と目標の理解(Understanding Subject Matter and Goals)の重要性を指摘した[4]。要となる「教育学的な実践」については、**図 2** のようにその内容が示されている。これらは、すべての学習の文脈に適用されるものであり、生徒との相互作用の前、最中、後の実践と省察の在り方を明示化したものである。

3．全人的教員養成への試み

　シンガポールにおける教員養成はすべて、南洋理工大学(Nanyang Technological University, NTU)の付属機関である国立教育学院(National Institute of Education, NIE)が担っている。NIE は、価値教育に重点を置き、既存の優れた教育財産と革新や創造性を融合して、アカデミックなスキルやリーダーシップ・スキルの育成、人格の構築を目指している。NIE で提供する教員養成プログラムは、全人教育であり、価値観や人格の発展に重きを置いている。そして、教員としてのネットワーク形成、先輩教員からの学び、次世代の教育者としての役割や責任に関する対話の機会が豊富に提供されている。

　シンガポールの教員養成は開放制を採用しておらず、国家公務員試験に合格した者が、「一般教育公務員」(General Education Officer)として雇用され、給与を受けながら教員養成課程を履修する。国家公務員として採用されるため、副業は禁止であり、教員養成課程の学びに専念することが求められる。授業料は有償であるが、教育省から当該額の 5 ～ 9 割の補助を受けることができる。養成課程修了後 3 年以内に教職を辞した者は教育省から補助された授業料を返還する義務が生じるが、3 年以上教職に就いた者は返還しなくてよい。

　NIE の養成課程に入るための国家公務員試験の応募要件として、応募者が主に大卒の学士学位取得者、専門学校(Polytechnic)のディプロマ取得者、後期中等教育修了資格試験である A レベル試験の合格者(合格の科目数等に条件あり)とされているが、国際バカロレアの成績が一定のレベル以上である者、前期中等教育修了資格試験である O レベル試験で所定の水準を超えている者にも応募資格を与えている。試験の内容は、言語及び数学の能力を測る

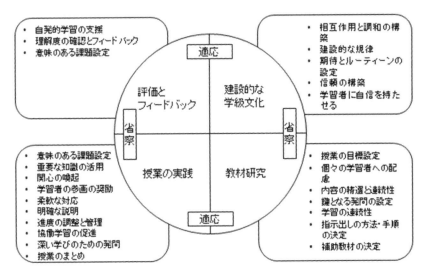

図2　「教育的な実践」の構造

出典）Ministry of Education 'The Singapore Teaching Practice'：
https://www.moe.gov.sg/about/singapore-teaching-practice

　試験に加えて面接試験がある。受験者数は多い年で1万人を超えるが、毎年、教員候補生は2,000人採用されることとなっており、競争は厳しいものとなっている。このようにシンガポールでは、教員養成課程に入る前の段階で、教員候補生の質をある程度担保しようとする狙いが見て取れる。

　NIEにおける教員養成プログラムには主に、① PGDE（Postgraduate Diploma in Education）、②教育学士プログラム（Bachelor of Arts/Science（Education）、③教育ディプロマプログラム（Diploma in Education）の3つがある[5]。① PGDEは、大学で学士学位を取得した者を対象とした小・中・高の教員養成プログラムであり、課程の期間は16か月である。NIEの教員候補生のうち約8割がこのPDGEを履修している。②教育学士プログラムは、後期中等教育修了資格試験（GCE Aレベル試験）で所定の水準をパスした者、ポリテクニクもしくは国際バカロレアのディプロマを有する者のいずれかを対象とした小・中学校教員の養成プログラムであり、4年間の課程となる。そして、③教育ディプロマプログラムは、GCE Aレベル試験で所定の水準をパスした者、

ポリテクニクもしくは国際バカロレアのディプロマを有する者のいずれかを
対象とした小学校あるいは中学校の一部の教科を専門とする教員の養成プロ
グラムであり、2年間の課程である。このように、シンガポールの教職志望
者は、大卒者から日本でいうところの高卒者まで、その有する学位や資格等
が異なることから、様々なキャリアに応じたプログラムが設けられているこ
とが分かる。

　NIE における教員養成のカリキュラムは、教育省が提示している「中核価
値」や「教育の到達目標」を踏まえ、V^3SK (Values^3, Skills, Knowledge) と呼ばれる
枠組みで構成されている。ここでいう「V^3」は、①学習者中心の価値観 (共感、
すべての子どもたちは学ぶことができるという信念、子どものポテンシャルの育成、
多様性の尊重)、②教員としてのアイデンティティ (高水準を目指す、本質を問
う、学習者を求める、改善努力、情熱、適応力とレジリエンス、倫理的である、専門
性)、③専門職とコミュニティへの奉仕 (協働的学習と実践、徒弟関係と指導関係、
社会的責務と契約、管理職) という3つの価値観を意味している。「Skills」につ
いては、省察スキルと思考力、教授スキル、人材管理スキル、自己管理スキ
ル、管理運営スキル、コミュニケーション・スキル、円滑化のための調整ス
キル、テクノロジー・スキル、革新と企業家スキル、社会的・情緒的知性と
いう10のスキルがあげられている。そして、「Knowledge」については、自己、
生徒、コミュニティ、教科の内容、教授法、教育の基本と理念、カリキュラ
ム、多文化リテラシー、グローバル意識、環境意識があげられている。

　こうした枠組みの下、PGDE プログラムのカリキュラムは、下記の6つの
領域で構成される。

①「教育研究」(Education Studies)：
　効果的な授業づくりに必要な教育の鍵概念や原理を学ぶ。(教育哲学や授
　業における ICT の活用、特別活動、部活動などに関する科目群)
②「カリキュラム研究」(Curriculum Studies)：
　教員候補生自身が専門とする学校種のカリキュラムを用いて特定の教科
　を教えるための教授法を学ぶ。
③「言語活用スキル」(Language Enhancement and Academic Discourse Skills)：

効果的な授業を展開するための口頭や筆記での言語活用スキルを育成する。

④「教育実習」（Practicum）：

学校現場での実習を通して理論と実践との関連化を図る。

⑤「教科知識」（Subject Knowledge）：

小学校の専門教科の知識を学ぶ。（小学校教員志望者のみ）

⑥「知識スキル」（Knowledge Skills）：

高校レベルの授業で特に必要とされる知識やスキルを育成する。（高校教員志望者のみ）

　中でも教育実習には多くの時間が割かれる。シンガポールの教育実習は2回実施され、1回目が「授業補助」（Teaching Assistantship）として、学校現場で4週間、現職教育の授業補助に携わる。そして、2回目は「最終教育実習」（Final Practicum）であり、10週間、学校での授業実践を行う。実習校では、実習生ごとに実習指導教員（School Coordinating Mentor, SCM）と実習協力教員（Cooperating Teacher, CT）が付き、両者の連携の下で実習生の指導にあたる。SCMは、実習全体の監督と評価、CTの配置、NIE指導教員との連携、実習生の評価が不合格になり得る場合のNIE指導教員との事前協議を主な役割とする。一方で、CTは、実習期間中のあらゆるガイダンス（学校、学級、生徒、教材、施設、設備、シラバス等）、実習生の授業実践への指導・助言、実習生の評価と報告書の作成が主な任務となる。また、養成校のNIEの指導教員は、事前・事後指導だけでなく、実習期間中も実習校と連携し、実習生の指導にあたる。例えば、SCMおよびCTと定期的な面談（実習生の進捗状況の確認、その後の指導方針についての協議）、実習期間中の支援や救済措置（必要な場合）、実習生から毎週提出される実習レポートの確認、フィードバック、実習生の授業実践の観察とフィードバック、実習生の評価および報告書の作成、実習生の最終プレゼンテーションと実習日誌の最終確認などがNIEの指導教員の主な指導内容となる。

　また、先述のPGDEのカリキュラムの他に、全人的な教員養成をねらい

としたGESL（Group Endeavours in Service Learning）というプログラムが必修となっている[6]。このプログラムは、「教える」ことに重点を置いた教員候補生主体の課題解決型奉仕活動であり、教育者として対峙するより幅広いコンテクストや責務を認識するために、教育を取り巻く社会問題を探求することのできる環境に教員候補生を置く試みとされている。そこで教員候補生の多くは、移民の子どもや障害のある子どもなど、とりわけ教育的に不利な環境に置かれた子どもの教育支援に繋がる奉仕活動に取り組んでいる。教員候補生はグループで参加し、6〜9か月間継続的に取り組むこととなる。柱となる6つのテーマは、「敬意」、「意義あるサービス」、「コミュニティの声」、「教員候補生の声」、「学問的繋がり」、「相互関与」であり、これらのテーマを通じて教員として求められる資質を身に付けることが期待されている。このプログラムにおいて提携している外部機関・団体は100以上にのぼり、教員候補生の活動の場が多様に提供されている。プロジェクトの詳細な取組みにおける奉仕と学習の目的、奉仕対象の選定、交渉、奉仕対象の組織やコミュニティのニーズの分析、奉仕活動の内容、方法、手順の決定、スケジューリング等はすべて教員候補生自身が考え、実行することとなっている。教員候補生に期待されるGESLの成果として以下があげられている。

- 多様性がコミュニティの可能性を広げるという感覚を養う
- どのような「教える」活動がコミュニティに影響を及ぼすかについて理解を深める
- 奉仕活動を企画し、リードすることで、リーダーシップ・コンピテンシーを育む
- コミュニティや社会が抱える課題と向き合い、コミュニティや社会の形成者としての自覚や行動力を育む
- コミュニティにおいて教員が担うべき役割、求められる貢献性についての「気づき」を得る

4．まとめ

シンガポールにおける教員政策は、価値教育を中核とし、21世紀コンピ

テンシーを育成し得る教員の職能成長を推進することを特徴としている。そのために、教員の専門性とキャリア・トラックごとに求められる成果が明確化され、求められる成果に沿った教員評価と職能成長が関連付けられていた。

教員養成においても価値教育を中核とし、教育実習および教員候補生主体でデザインする奉仕活動を通じて全人的教員養成を推進している。そのため、教育実習の評価においては、知識や技能だけでなく、教員という専門職としての資質や姿勢が問われていた。また、GESL のプログラムにおいては、外部の機関・団体と連携し、主体的な課題解決型奉仕活動を通じた幅広い資質と自覚の醸成が目指されていた。

さらに、シンガポールの教員養成の特徴として、教員養成指針の一貫性と密な連携があげられる。教育省の教育指針が、NIE、学校での教育実習評価に採用され、一貫したビジョンおよび指標の下で教員養成がデザインされている。教育実習においても、実習校にすべての指導を委ねるのではなく、実習期間中であっても NIE と実習校とが密に連携しており、協働による指導体制が構築されていた。

日本における教育実習は、学校現場に指導を委ねる傾向が強く、教員養成校である大学と実習校とが教育実習の指導内容について協議し、協働的にそれを発展させていく仕組みが構築されているとは言い難い。現在、教員育成協議会の設置によって自治体と養成校との連携による教員養成システムの構築が目指されているが、学校現場をベースとした教育実習における教員養成の充実にあたっては、自治体、養成校、学校現場の三者の連携をいかに図ることができるのかが重要な課題となるであろう。

注

1　Ministry of Education 'Desired Outcomes of Education'：https://www.moe.gov.sg/education/education-system/desired-outcomes-of-education

2　金井里弥、「第 11 章 シンガポール—能力主義を基盤とするキャリア形成」、小川佳万、服部美奈共編『アジアの教員 —変貌する役割と専門職への挑戦—』ジアース教育新社、2012、273 頁

3　Ministry of Education, Press Release, New model for teachers' professional develop-

ment launched, 31 May 2012
4　Ministry of Education 'The Singapore Teaching Practice': https://www.moe.gov.sg/about/singapore-teaching-practice
5　National Institute of Education, Diploma in Education Programme Handbook, 2017., National Institute of Education, Postgraduate Diploma in Education Programme Handbook, 2016., National Institute of Education, Bachelor of Arts(Education)/Bachelor of Science(Education)2017-2018, 2017.
6　National Institute of Education, Group Endeavours in Service Learning: https://www.nie.edu.sg/our-people/programme-offices/office-of-teacher-education/group-endeavours-in-service-learning-(gesl)

参考文献

DENG Zongyi, 'Teacher education', Jason Tan, Ng Pak Tee ed., *Shaping Singapore's Future: Thinking Schools, Learning Nation*, Prentice Hall, 2005, pp. 123-136

National Institute of Education, A Teacher Education Model for the 21st Century, 2009.

Oon-Seng Tan, Woon-Chia Liu, Ee-Ling Low ed., *Teacher Education in the 21st Century: Singapore's Evolution and Innovation*, Springer Nature Singapore Pte Ltd., 2017.

Warren Mark LIEW, 'Teachers' professional lives in an age of educational reform', *Shaping Singapore's Future: Thinking Schools, Learning Nation*, Prentice Hall, 2005, pp.137-166.

池田充裕「シンガポール」、諸外国教員給与研究会『平成 18 年度文部科学省委託調査研究　諸外国の教員給与に関する調査研究報告書』、2007、85-97 頁

池田充裕・金井里弥「シンガポールにおける学校改善の現状―教員の職能開発と教員評価及び学校評価の実施について―」、小川佳万『平成 24 〜 26 年度 文部科学省科学研究費基盤研究 (B) アジアにおける学校改善と教師教育改革に関する国際比較研究 最終報告書』東北大学大学院教育学研究科、2015、42-48 頁

金井里弥「第 8 章　シンガポール」、国立教育政策研究所『諸外国の教員養成における教員の資質・能力スタンダード』、2018、67-74 頁

Ⅱ　実践交流記録

教職志望学生の「学校安全」に関する体験的学修の有効性

松井典夫(奈良学園大学)

1．研究の背景と目的

(1)「学校安全」の必要性へ

　学校安全の取組や研究の動向はこれまで、児童生徒が被害に遭う事件、事故、災害が発生すると、一時的にそれらを予防、対策する社会的要求が高まり、呼応するように強化、あるいは変容を続けてきた。

　また、1995 年に発生した阪神・淡路大震災を受けて、災害時に必要な能力や態度の獲得を目的とするそれまでの防災教育に加えて、「いのちの大切さを礎にした心の教育」に重点を置いた防災教育 (近藤 2015) が発信されるようになった。また、柏原らは、阪神・淡路大震災における避難所の研究で、災害時における小学校が担う避難所としての役割の大きさと、被災者にとっての期待の大きさを明確に示した (柏原・森田・上野 1998)。また、2001 年に発生した大阪教育大学附属池田小学校児童殺傷事件を受けて、当校は事件の再発防止に向け、学校安全主任の設置、教職員の不審者対応訓練の実施など、先進的に学校安全に取組んだ。また、文部科学省教育課程特例校として「安全科」を創設し、小学校における安全教育カリキュラムの実践、開発を追求した (松井 2017)。また、WHO International Safe School として日本で初の認証を得るなど、当校は積極的かつ先駆的に学校安全に取組んできたと言える。2011 年に発生した東日本大震災以降は、「防災教育、とくに学校防災教育の重要性が指摘される」ようになる (城下 2012)。津波による災害を体験した地域、たとえば宮城県は園児から高校生までの発達段階に応じた「みやぎ防災教育副読本　未来へのきずな(絆)」を作成し、地震、津波、台風を題材とした防災教育を展開している。

(2) 学校安全への推進と課題の明確化

　以上のように、特に児童生徒が被害に遭い、命を失うような事件や事故、災害はその度ごとに学校安全や安全教育の研究、取組を推進させてきたと言える。さらに行政分野から概観すると、2012年4月には、その前年に発生した東日本大震災を受けて、文部科学省（以下、文科省）から「学校安全の推進に関する計画について」（第1次）が出された。本推進計画は、5年間（2012年度〜2016年度）にわたる、学校安全の推進計画であり、当初の報道では、その後5年内に各学校で「防災科」あるいは「安全科」が創設される可能性が示唆されたものであった。また、本研究の主体である教員養成段階における学校安全に関する教育については、「教員の資質の基礎として身に付けておく必要がある」とし、具体的には学校安全に関する「内容の整理」「講義の開設」「教育実習での学校安全に係る業務の実施」が提案された。

　この推進計画はどのように推進され、結果を残したのか。「学校安全の推進に関する計画に係る取組状況調査について」（2015年度実績）によると、学校安全計画や危機管理マニュアルの策定状況については全国的に高い実施率で達成されていることが示された。しかし児童生徒を対象とした安全教育の実施率は低く、確保できる時間の問題や、教育内容の精選が進んでいないという課題が示唆された。また、当報告では、教員養成段階における学校安全への取組状況の報告は見当たらなかった。

　第1次5年計画を終え、2017年3月、「第2次学校安全の推進に関する計画」が出された。ここでは、第1次計画における取組の検証を踏まえ、新たな5年計画（2017年度〜2021年度）が策定された。そこでは、学校安全の推進に関して、「地域間・学校間・教職員間に差がある」という課題認識が行われている。また、「全ての教職員が一様に高い意識を持って、学校安全に取り組んでいるとは言い難い」という課題から、学校安全への取組の課題において、幾多の難題を抱える実態がある。そして教員養成段階における学校安全への取組については、「学校安全に係る基礎的内容に関する講義を必修科目として開講するなど、教員を志す学生の意識啓発を含めた資質・能力の向上に力を入れている大学もある一方、すべての大学でそのように充実した取組が行われ

ているわけではない」という課題が明確になっている。

(3) 教員の多忙感と使命感への着目

　学校安全に主体として取組むのは学校現場の教員である。したがって、前述の「全ての教職員が一様に高い意識を持って、学校安全に取り組んでいるとは言い難い」と言う課題は看過できない。特に、学校安全と教員の関連については教員の多忙感と使命感に着目したい。

　近年の、教員の多忙に関する報告について概観する。たとえば OECD 国際教員指導環境調査（TALIS2013）では、参加 34 か国中、教員の「仕事時間の合計」が最も多く、また、中でも課外活動の指導に使う時間の多さが指摘された。また栃木県教育委員会が同県の教員 372 人を対象に実施した調査では、「自分の職務について忙しいと感じている教員」は 95％ を示した。また、「多忙感を強く感じるとき」の回答でもっとも多かったのは、「予定外の用務が入ってきたとき」（71%）であった。これら調査結果から、「教員は、日常の業務の中で自己のコントロール（統制）が効かない状況のとき、あるいは望まない状況のときに多忙感を増大させるという傾向が推察される」と指摘されている（松井・岡村 2018）。学校の安全が脅かされる時とは、まさしく「自己のコントロール（統制）が効かない状況」であり、事件や事故、災害は多忙感を増大させる大きな要因になることは自明である。

(4) 本研究の目的

　本研究では以上の課題から、教員の資質能力としての学校安全の必要性の認識と実行力は、教員になる前の段階、教職志望学生の学修の中で育まれることが有効なのではないかという仮説を立てた。そのような中、2017 年、教職課程コアカリキュラムにおいて、「学校安全への対応」が必修項目とされた。これまでの課題の経緯を踏まえ、教職志望学生がいかに「学校安全」を学び、それが教職への資質能力へとどのように結びつけることができるのか、計画と実践、評価と検証が必要になってくる。

　本研究においては、教職志望学生が学校安全を学ぶひとつのモデルとして、

体験的学修が、教員の資質能力としての学校安全への意識にどのように結びつくのか、実践と学生の反応から検証する。

2．研究方法

　本研究は、N大学において教職を志望する学生を対象に実践、調査が行われた。

(1)　実践モデルA（以下、M−A）

　実践モデルAは、2015年6月に大阪教育大学附属池田小学校で実施された。前述で触れたが、大阪教育大学附属池田小学校は、2001年6月8日の授業中に一人の暴漢の校内侵入を許し、当事小学校1、2年生の児童8名の命が奪われ、15名（うち、2名は教員）の重軽傷者を出した大きな事件を経験した。それ以来、事件の再発防止と、事件の教訓の伝承を目的として、さまざまな取組をしてきた。そこで、M-Aにおいては、当時2回生の教職志望学生6名を引率し、大阪教育大学附属池田小学校を訪問したものである。主な内容は、校長（事件時にいた教員）へのインタビュー・「安全科」の授業見学・校長による事件時の現場案内と解説・「祈りと誓いの塔」（事件後に建立されたモニュメント）の鐘を鳴らす体験等であった。

(2)　実践モデルB（以下、M−B）

　実践モデルBは、2016年11月に行った、熊本県益城町立広安西小学校での体験的学修である。モデルである益城町立広安西小学校においては、21時26分の前震発生時に学校で校務等に携わっていた8名の教職員が、直ちに避難者誘導に直面した。その後5月9日の学校再開を経て、8月18日の避難所閉所までの間、校長をはじめとした教員は、避難所運営に主体として携わり続けた。その業務は、教員の職務を超えた「多忙」を極めていたと言える。そこでM-Bにおいては、当小学校にN大学の教職志望学生10名を引率して体験的学修を行った。主な内容は、登校時の安全立ち当番体験・朝礼への参加・授業補助・校長へのインタビュー等であった。

(3) 実践モデルC（以下、M – C）

　実践モデル C は、2017 年 2 月に行った大阪教育大学附属池田小学校での体験的学修である。大阪教育大学附属池田小学校では、先述した事件以後、遺族との関わりにおいても、事件の再発防止への誓いも含めて様々な形で関わり続けてきた。そして、学校で児童、保護者や教員などに、事件を振り返りながら教訓を伝えるという、遺族による協力も得られるようになってきた。2017 年 2 月には、遺族の一人が大阪教育大学の学生に、授業の一環として（大阪教育大学では、早くから学校安全を必修化してきた）事件について話すという機会があった。そこに、N 大学の教職志望学生 6 名を引率して参加したものである。そこでは、遺族の話以外に、当校教員による事件の概要の話と、校舎案内（事件の現場）があった。

　本研究では、これら 3 つの実践モデルについて、それぞれの体験的学修後に学生が自由記述した感想文をテキストデータ化し、テキストマイニングによって学修の検討を行った。テキストマイニングは、テキストデータからその研究において有益な情報を取り出すことを総称する。この方法により、恣意的に語を選択することを排除し、客観性を保持して語を統計的に処理することができる。本研究では、「共起」（文章中の単語の出現パターンが類似したもの）についてと、単語の出現頻度におけるスコア（文書の中におけるその単語の特徴性を数値化したもの）を使用して分析し、検証することとした。

3．結　果

(1) M – Aの結果

　M-A における学生の作文の【共起回数】・【スコア】については、**表 1、表 2**のようになった。また、この中で、最も共起回数が多かった［事件―思う］（17回）については、感想文では以下のような文脈で共起した（次頁、M-A における［事件―思う］の共起を参照）。

　M-A におけるスコアについては、表 2 の結果を得た。10 以上の数値を示すスコアのみを取り上げた時、名詞、動詞、形容詞について、10 を超える数値を示したのは名詞のみであった。

表1　M‐A共起回数

単語1	単語2	共起回数
事件	思う	17
安全	授業	15
子ども	守る	11
先生	思う	11
安全	思う	10
思う	教師	10
先生	行く	10
できる	先生	9
先生	聞く	9
思う	池田小学校	9
先生	池田小学校	9
先生	安全	9
いける	思う	9
事件	先生	8

表2　M‐Aスコア

■名詞	スコア	出現頻度
児童	39.62	23
校舎	38.77	15
校長先生	24.45	11
事件	19.87	38
教師	18.92	22
訓練	11.42	16
先生	11.37	48

M‐Aにおける［事件－思う］の共起

- 改めてとても残酷な事件だと思ったし、絶対に二度とこのようなことが起こってはいけないと強く思った。
- 二度とあんな事件がなくこの先ずっとこのような小学生の姿が続けばいいと思った。
- この事件のことを他人ごとではなく自分事にしていかなければいけないと思い、今回の小学校訪問に参加したいと思いました。
- 事件当時からいらっしゃった○○先生にお話しを聞きたいと思ったのが訪問のきっかけです。
- 事件などをニュースで見ても可哀想とか実際私には関係ないと思ってしまっていました。
- 親は学校が安心の場所であり、登下校が危険であると考えているのに学校で事件が起きたことはショックを大きくしたと思いました。
- 講義で池田小の事件のことを知るまで軽い気持ちでなんとなく教師になろうとしていましたが、講義を受けて池田小に訪問してからただ指導するだけでなく、子どもの命を預かっているので軽い気持ちで教師になってはいけないと思いました。

(2) M‐Bの結果

　　M-B における学生の作文の【共起回数】・【スコア】については、表3、表4のようになった。また、この中で、最も共起回数が多かった［ボランティア―避難所］（14回）については、感想文では次頁のような文脈で共起した（M-B

表3　M－B共起回数

単語1	単語2	共起回数
ボランティア	避難所	14
できる	感じる	13
地方	熊本県	12
できる	考える	12
場所	避難	12
できる	震災	12
ボランティア	考える	12
避難	避難所	11
地震	熊本県	11
熊本	熊本県	11
地震	避難	10
地域	地方	9
地方	熊本	9
被災地	見る	9
いく	思う	9
地震	被害	9
スタッフ	避難所	9
ボランティア	思う	9
感じる	震災	9

表4　M－Bスコア

■名詞	スコア	出現頻度
避難所	297.25	60
ボランティア	96.37	41
避難	85.59	54
震災	35.51	34
児童	34.28	21
地震	34.26	51
被災地	22.43	19
教員	18.62	15
小学校	16.39	23
子ども	11.43	26
体育館	10.50	15
職員	10.45	17
■動詞	スコア	出現頻度
訪れる	40.25	32
崩れる	13.73	11

M－Bにおける［ボランティア—避難所］の共起

・災害が起きれば、何か手伝いたい一心で遠いところから駆け付ける人もいるが、そうではなく、今避難所では何が不足しているのか状況を把握してから、それに合ったボランティアをするのが大切だという。
・また、準備物はボランティアが全て持ってくるつもりでないと、結局様々なものを借りて避難所のスタッフに迷惑をかけてしまうことになる。
・被災地以外の方のボランティアや著名人の避難所訪問が避難者にとって、大きな支えになったと考える。
・スタッフはこの避難所はボランティアの人のためではなく避難者のためという目的を間違えないようにと心がけていた。

における［ボランティア—避難所］の共起を参照）。

　　M-Bのスコアについては、特に熊本地震について現地を訪問した体験的学修であり、特有の語句が多く、ハイスコアとなっている。

⑶ M–Cの結果

　M-C における学生の作文の【共起回数】(表5)・【スコア】(表6)については、以下のようになった。この中で、最も共起回数が多かった［子ども―思う］(13回)については、感想文では以下のような文脈で共起した(M-C における［子ども―思う］の共起を参照)。

表5　M–C共起回数

単語1	単語2	共起回数
子ども	思う	13
子ども	守る	11
学校	安全	11
子ども	教師	10
学校	思う	10
伝える	思う	9
安全	考える	9
子ども	学校	9
いく	子ども	9
子ども	安全	9
保証	子ども	9
安全	思う	8
思う	聞く	8
感じる	震災	9

表6　M–Cスコア

■名詞	スコア	出現頻度
遺族	30.38	14
校舎	18.00	9
児童	15.62	13
子ども	11.43	26
教師	10.74	16
安全	9.70	25
教室	9.25	22
事件	9.11	25
見学	5.36	7
教員	4.97	7
職員室	4.90	7
学校	3.45	24

M–Cにおける［子ども―思う］の共起

・学校での子どもの安全の保証はこの事件の被害にあわれた方々だけでなく、子どもが学校に通っている全ての人が願うことだと思います。
・そして、学校が子どもの安全を保証できるものになるように自分に出来ることを見つけて取り組んでいきたいと思っています。
・このことから、私は、子どもの命を守ることこそが教師の使命だと思った。
・教師を目指す者には知っておいてほしいことであり、語り継いでいくことで、亡くなった子どもたちの存在が無くなってしまわないようにすることに繋がると考えているからだと思った。
・教育というのは、「教師対子ども」だけではなく、「保護者対子ども」で行い、教師や保護者が協力して行っていくものだと改めて思った。
・取り壊さなかったのはそこで亡くなった子どもたちの為であり、後の子どもたちに受け継いでいく為に置いておくべきであったと思う。

スコア（表6）については、「遺族」よりも大きなスコア（42.61、出現頻度16）を示した名詞があったが、それは固有名詞（講演した遺族）であったため、割愛した。

4．考　察

本研究の実践モデルの特性として、M-A と M-C は大阪教育大学附属池田小学校への訪問であり、事件に基づいた体験的学修であった。M-B については、地震災害で避難所となった小学校への訪問であり、M-A、M-C とは学校安全におけるカテゴリーが違うと言える。そこに起因するのかはさらに実践を積み重ねて検証が必要なところではあるが、今回の調査では、M-B に比して、M-A、M-C で共起する単語の様相に違いが見られた。M-B においては、「地震－発生」「場所－避難」というように、外的な要素による共起が多かった。とくに「ボランティア」と「避難所」が共起回数、スコアともに高い数値を示した。これは、熊本地震において避難所として運営され続けた益城中央体育館を訪問したことも影響を与えていると考えられる。当所は訪問前日に避難所を閉所したばかりであり、避難者がいない避難所を、体験的に見学することができた。一方で M-A、M-C に関しては、「事件」「子ども」「先生」という単語と「思う」という内面が共起し、学修が学生の内面で揺れ動いた様相が見られるのである。このことは、子どもが被害に遭うという、教員を志す学生にとって衝撃的な事実に基づいた学修であるということに起因することが考えられる。

中央教育審議会は「これからの学校教育を担う教員の資質能力の向上について～学び合い、高め合う教員育成コミュニティーの構築に向けて～」（平成27年12月）の中で、「新たな教育課題に対応した教員研修・養成」として、

- アクティブ・ラーニングの視点からの授業改善
- ICT を用いた指導法
- 道徳教育の充実
- 外国語教育の充実
- 特別支援教育の充実

　を挙げた。その中に「学校安全」の文言は見当たらないが、解説の中では、「東日本大震災をはじめとした自然災害や学校管理下における事件・事故災害が繰り返し発生している現状から、全ての教職員が災害発生時に的確に対応できる素養（知識・技能等）を備えておくことが求められている。このため、学校安全について、教員のキャリアステージに応じた研修や独立行政法人教員研修センターにおける研修と連動した各地方公共団体における研修を充実させる必要がある」とされ、各自治体における研修と連動させた取り組みの実施が望まれる。

　本研究で課題とする「学校安全に取り組む上での教員の多忙感」については研修成果の報告、検証を待たなければならないが、その解決策としての「教員の資質能力としての学校安全の必要性の認識と実行力は、教員になる前の段階、教職志望学生の学修の中で育まれることが有効なのではないかという仮説」については、本研究で一定の成果を得たものと考えられる。教員養成段階における学生は、学校安全の学びに対して、現地を訪問したり遺族の話を聞くなど、体験的に学修することによって内面を揺さぶる学びがあったことが、学生の自由記述の文章やテキストマイニングによる分析から示唆された。災害時における教員の「多忙感」と「使命感」に関連する研究（松井・岡村2018）において、熊本地震で避難所運営に直面し、避難者支援に従事した教員（熊本群）は、被災していない地域の教員（一般群）に比して多忙感や内的統制感の高さが、自らの存在価値や意欲の高まりにつながっていない実態が明らかになったことが報告されている。このことは、被災地において災害に直面した教員の、統制できない「多忙感」を、教員としての「使命感」が凌駕したことが示唆されたことと同時に、災害対応において教員が「疲弊している」ことが示唆されたのである。このことから、学校安全に関する研修に、教員は「多忙感」を持ちながらも取組むが、そこに自らの存在価値や意欲の高まりに結びつけられない可能性があるのである。本研究が学校安全に関する学修を、教員養成段階で実施する有効性を追求しようとする意義も、そこにあると言える。

　先の答申「教員養成に関する課題」の中で、「教員養成カリキュラムに

ついて、学校現場の要望に柔軟に対応できるよう、教職課程の大くくり化」の必要性が提案された。そこで 2017 年における教職課程コアカリキュラムでは、教職課程が「教科及び教科の指導法に関する科目」「教育の基礎的理解に関する科目」「道徳、総合的な学習の時間等の指導法及び生徒指導、教育相談等に関する科目」「教育実践に関する科目」に大くくり化された。その中で、「教育に関する社会的、制度的又は経営的事項」には括弧書きで（学校安全への対応を含む）ことが盛り込まれた。この内容がシラバスにどのように具体的に反映され、それが現職の教員になったときに、教員の資質能力としてどのように発揮されていくのか、今後の研究で検証していく必要がある。本研究は今後、さらに実践を行い、体験的学修と講義型学修の比較、教職への意識の変容について研究をすすめ、学校安全の学修効果について検証したい。

参考文献

梶田叡一　2015「いのちの教育カリキュラムモデルの開発的研究」平成 24 〜 26 年度科研費助成事業研究成果報告書, 4

柏原士郎・森田孝夫・上野淳　1998　『阪神・淡路大震災における避難所の研究』大阪大学出版

松井典夫　2017『どうすれば子どもたちのいのちは守れるのか―事件・災害の教訓に学ぶ学校安全と安全教育』ミネルヴァ書房

松井典夫・岡村季光　2018「災害時における教師の職業的役割―「使命感」と「多忙感」に着目して―」『教師学研究』日本教師学学会

熊本県教育委員会　2016『避難所となった学校における施設面の課題等について』

文部科学省　2012『学校安全の推進に関する計画』

文部科学省 初等中等教育局健康教育・食育課『学校安全の推進に関する計画に係る取組状況調査（平成 27 年度実績）』

北神正行・高木亮　2007「教師の多忙と多忙感を規定する諸要因の考察Ⅰ―戦後の教師の立場と役割に関する検討を中心に―」『岡山大学研究集録』134, 1-10

国立教育政策所（編）　2014『教員環境の国際比較―OECD 国際教員指導環境調査（TALIS）2013 年調査結果報告書』明石書店

松村真宏・三浦麻子　2014『人文・社会科学のためテキストマイニング [改訂

　新版]』誠信書房

岡本浩一・堀洋元・鎌田晶子・下村英雄　2006『職業的使命感のマネジメント
　　―ノブレス・オブリジェの社会技術 -』新曜社

清水裕・水田恵三・秋山学・浦光博・竹村和久・西川正之・松井豊・宮戸美樹
　　　1997「阪神・淡路大震災の避難所リーダーの研究」『社会心理学研究』13（1），
　　1-12

栃木県教育委員会　2012『教員の多忙感に関するアンケート調査（検証）報告書』

中央教育審議会答申　2015『これからの学校教育を担う教員の資質能力の向上
　　について～学び合い、高め合う教員育成コミュニティーの構築に向けて～』

II　実践交流記録

記述を通した授業実践のリフレクションの可能性の検討

村井尚子（京都女子大学発達教育学部）

はじめに

　藤田は、教育実践の本質的性格を「対象である子どもの成長・発達への願いとねらいを明確にもってはたらきかけつつ、対象認識としての子ども把握とはたらきかける自らの行為の対象化に意を払わねばならない[1]」点にあるとする。その文脈で考えると、実践記録を書くことは、子どもをそのように把握し理解した自分自身を対象化し、子どもに対する自らの働きかけの背景にある願いとねらいを改めて問い直すという内省(本稿では省察と記す)を伴うものとして、教師にとって極めて重要な営みであると言えるだろう。また藤田は、記述された実践を仲間や記録の読み手と分析・批評し合うことで、その成果や教訓を共有していくことにも意義を見出している[2]。

　筆者は、カナダの現象学的教育学者マックス・ヴァン＝マーネンの理論と方法を用い、教育実践を現象学的に記述する試みを養成課程の授業の中で実施している。2018 年 5 月に開催された全国私立大学教職課程協会研究大会において、「教師の専門性と教育的タクト―REFLECTION（省察）再考」と題して、リフレクションによって教師の専門性としての教育的タクトが養成されていく可能性を論じ、合わせて具体的に現象学的記述によるリフレクションによって学生の教育への問いが深まっていく過程を報告した。本稿では、この報告をさらに詳しく分析するために、教育実習に参加した学生が、実践の中で出会った子どもとの出来事を記述したものを学生同士で読み合い、その意味を確かめ合う中で自らの子ども観、教育観への省察が促されていった事例を取り上げる。なお、「リフレクション」という語は、実際に振り返

りを行う行為を指し、リフレクションを行っていく中で生じてきた出来事の意味への問い直しと自らの有り様への理解と問い直しを「省察」と使い分けることにしたい。

　現象学的な記述によるリフレクションに関しては、看護の分野で盛んに行われている[3]が、教育学においてはわが国では大塚らが施設で暮らす子ども達とともに生活を送りつつ、施設で暮らす子どもの生活世界を現象学的に描写し、その意味を明らかにしている研究が特筆すべきものであろう[4]。ただし、現象学的な記述の方法を示し、実践している先行研究はわが国では管見の限りあまり見られない。これに対して本稿では、学生が実際に記述を行うためにどのような過程を経たかを辿ることで、教育実践の現象学的記述による省察の可能性を検討したい。

1. 現象学的記述による教育実践のリフレクションの意義

　マックス・ヴァン＝マーネン（Max van Manen, 1942-）は、「リフレクションという概念は、教育のまさにその意味の中に内在している」と指摘している。すなわち、「教えるということが、特定の状況において、何が子どもにとって善いことあるいは最も適切なことなのか、あるいは悪いこと、不適切なことなのかをつねに区別する意図的な仕方でなされていること」を教育はその定義において示しているからである。しかし、教師は責任をもって子どもに関わっているその活動の中で、「何かをなしているときにそのなしていることについてじっくりと考える」ことは困難であると彼は訴える。教育的な行為の渦中にあってリフレクションは、「単に手近な課題に限定され、制限されたものにすぎ」ない。「何が起こっているのかを解釈し、意味のいくつにもあり得る様相を理解し、行為の代替的な方向性を熟考し、それらの多様な帰結をはかりにかけ、何がなされねばならないかを判断し、といった事柄の可能性を最大限まで考慮に入れて、そして実際に行なうことはできそうにない[5]」からである。

　すなわち教育実践においては、「暗示的で主題化されていない、また非反省的なタイプの意識」が支配的なのである。それゆえ、事後的にその行為に

ついてリフレクションを行うことで、その渦中にあって教師が「どのように
その都度判断し、行為していたのか」「その判断と行為を裏付けている教師
自身の価値の枠組みはどのようなものであるか」を顕在化させることが重要
である。そうすることで、次に出会う状況において、子どもにとってより善い、
あるいは適切な（タクト豊かな）行為のための準備を調えていく、ヴァン＝マー
ネンの言葉を用いれば、「行為に敏感な知（action sensitive knowledge）[6]」が身につ
いていくと言えるだろう。

　本稿においては、教師（あるいは教育実習に行った学生）が、自らの教育実践
における経験を「生きられた経験（lived experience）」と捉え、可能な限りその経
験を「現にあるがままに」記述することを目指した。「生きられた経験」とは、
概念化、カテゴリー化、リフレクションされる以前の経験である。その生き
られた経験、我々が生活世界で出会う人間的な行為や行動、意図、そして経
験を「その出会いのままに記述する」ことが求められる。そして、十全で豊
かな深い記述がなされたとき、我々は、個別的なその経験の中に何かしら本
質的なもの、普遍的なものを見出すことが可能となる。人は、経験を生きて
いるときに、生きられている経験をリフレクションすることはできない。そ
れゆえ、生きられた経験は常に事後的に、遡行的に記述されることによって
省察がなされることになる[7]。

　実習に際しては、通常日々の日誌を書くことが課され、また実習が終わっ
た後に事後指導における振り返りが行われている。しかし、ヴァン＝マー
ネンが「教育的契機（pedagogical moment）[8]」と名づけるような「実習中に出会っ
た出来事のうち、どのようにすればよかったか今も心に引っかかっている事
柄、そこからまだ学べそうな、比較的短い時間に起きたある一つの出来事」
を改めて振り返って考察の俎上に上げることはあまりなされていない。教師
は教室において授業を行っているとき、あるいは生徒指導の場で子どもと向
き合っているとき、その都度の判断を行いつつ、その時点で最善だと思う行為
をその場で行っている[9]。ショーンの「行為の中のリフレクション（reflection in
action）」とも言えるこういった判断は、教育実習生においても行われている
のであるが、上述のように、その渦中においては十分に振り返って省察を行

う猶予はない。それゆえ、その時点で最善だと思ったが後になって振り返ると迷いが生じる場面、その時点でどうするべきか迷っていた場面、すなわち「教育的契機」をリフレクションの対象とすることで、その判断を行った自分自身が何に価値を置いているのかが省察されていくと言えるのである。

２．教職課程の授業における現象学的記述の試み

　筆者は、教育実習の事後指導の授業において実習生が出会った「教育的契機」を記述する試みを続けてきている[10]。また、現象学的に書かれた文章を演習の授業の中で読み、実際に記述を行ってみる試みを行ってきた[11]。こういった試みの一環として、大学院修士課程の授業「教育哲学特論Ｂ」(専修免許選択必修科目、2017 年度後期) の中で、教育実習の中で実習生が出会った「教育的契機」を現象学的に記述する訓練を行なっている。授業全 15 回のうち、5 回分を使って行なった。なお、受講生は教育学専攻修士１年次の４名である。

> 1 回目　教育的契機の説明
> 2 回目　現象学的に書かれた文章を読み、記述のためのポイントを説明
> 3 回目　実習中に出会った教育的契機についてリフレクションを行う
> 4 回目　教育的契機の現象学的記述 (第Ⅰ稿) の読み合わせ
> 5 回目　前回の指摘を受けて書き直した現象学的記述の発表 (第Ⅱ稿)

(1) 現象学的記述のためのポイント

　記述を行うにあたって、ヴァン＝マーネンが示している現象学的に書くための以下のポイントを説明した。

1) 経験を、あなたがそれを生きている (た) ように記述する必要がある。因果論的な説明や一般化、抽象的な解釈はできる限りしないようにしなさい。
2) 経験を内側から記述しなさい。いわば、それがほとんど心の状態のようなもの、たとえば感情、気分、情動など。
3) 経験の対象の中で、特定の例や出来事に焦点を当てなさい。特別な出来事や冒険、ハプニング、格別な経験を記述しなさい。

4) 経験の中で、その鮮明さが際立っている例、例えば最初の経験であった例に焦点を絞るよう試みなさい。

5) 身体がどのように感じたか、どんな匂いがする（した）か、どんな音がする（した）かなどに注意を払いなさい。

6) 自分の話を、空想的なフレーズや華やかな用語で美化しようとするのを避けなさい。

7) その経験が実際に、正確にそのとおりの仕方で起こったかどうかは大した問題ではない。我々は話の事実的な正確さに関心があるのではなく、その話のもっともらしさ―それが我々の生きている感覚に真に迫っているか―に関心があるのである[12]。

　3) と 4) に関しては、教育実習中に出会った「教育的契機」を記述の対象とするという点で合致していると考えられる。

　次に 1) のポイントは、一般的な説明や解釈を入れないというものであるが、一般化がなされた途端、記述の躍動感が薄れ、平板な文章となってしまうことが多い。これは、一般化が記述者本人の言葉によってなされるよりも、「どこかで聞いたことのある」他者の言葉を使用することによって行われることの方が多数を占めるゆえであると言えよう。

　2) と 5) の心情と身体感覚について、吉田は、現象学の研究方法として、現象記述、現象学的還元、想像自由変更、本質直観の 4 つを挙げ、なかでも現象記述を「見たり、聞いたり、感じたり、嗅いだり、味わったり、身体で感じたり、……、五感、あるいは、六感で経験したことを、細部まで疎かにせずしっかりと捉えて、丁寧に言葉に表現して定着し、あとでゆっくりと、じっくりと、『事態そのもの』に迫るために、考えを深めて行く手がかりとも基礎資料ともする[13]」ことだとしている。また佐藤学は、教室における教師の身体の有り様が子どもの学びに大きな影響を与えることを指摘している。例えば、教師と子ども、子どもと子どもの呼吸が一つになることによって「弾むような学び合い」が成立する。これを佐藤は、「教室の息づかい」という言葉で説明する[14]。さらに、教室内で教師の立つ位置の取り方とその立ち位

置、ポジショニングについて語る際に「教師の居方」という造語を用いる。「優れた教師は、教室のどの位置にいても、絶えず一人ひとりの子どもとつながっており、場面、場面によって、最も適切な位置に身を置いて子どもとの関わりを築いている」というように、「教師の居方」が子どもの学びに強く関わってくるのである[15]。この意味で、上述のように身体と感情を言葉にして記述することが教育の場における出来事を書く際に重要となってくることが分かる。

　6）の指摘は理解が難しいポイントである。経験の生きられた質を示したいがために、「空想的なフレーズや華やかな用語で美化しよう」とする努力に向かいがちであるからである。経験をありのままに示すために比喩を用いて表現を工夫することで、読む人により状況がありありと伝わってくると言える。

　最後の7）であるが、この説明をすることで、記述者の「誤りがないように正確に書かねばならない」というプレッシャーが軽減される。決して偽りを書くわけではないが、「その出来事が起こったのが何時何分であったか」、「一つひとつの発言が間違いなくその通りのものであったか」に拘泥することで、筆が進まなくなってしまう。そうではなく、「我々の生きている感覚に真に迫っている」記述を為すために、身体感覚や感情、レトリックが用いられるべきだと言えるだろう。これらの点を説明し、記述を行うように指示した。

3．生きられた経験の記述の実際

(1) 教育的契機を記述する

　次に、実際に生きられた経験を記述するにあたって、学部時代に経験した教育実習において出会った「教育的契機」を一つ選んで記述＝リフレクションを行うことを促した。そして、各自の記述の内容と方法について4人のグループでの討議を通じて精錬する作業を繰り返し行った。それぞれの記述の読み合いを通じて、教師と生徒双方の身体感覚と感情がどの程度表現されているかを、その部分に下線を引くことで確認し合った。さらに、本実践においては「教師と生徒の望んでいること」についても焦点をあてた。これは、

オランダにおいてリフレクションを中心とした教師教育の実践を開発探究しているコルトハーヘンの理論および実践に着想を得たものである。コルトハーヘンは、人の行為の背景に「考え、感情、欲求」が存在していることを指摘し、潜在化している「考え、感情、欲求」を明らかにすることがリフレクションにおいて気づきを得るために重要であると主張している[16]。これを受け、「教師と生徒それぞれの欲求＝望んでいること」をも分析の対象とした。

　読み合わせが終わると、身体感覚、感情、望んでいることのうち、記述量が少ないものについて書き足していく作業を始めた。さらに、読み合わせを通じて出来る限り豊かで、「生きられた経験を想起させるような」記述となるよう稿を重ねて行く過程を通じて、出来事の渦中には気づかれていなかった当時の感情、自身の教育観の根底にある望みが徐々に明らかになっていった。

(2) Xさんの事例の検討

　次に、Xさんの記述の変化とリフレクションの深まりを具体的な事例を通して分析し、現象学的記述の方法論の特徴とその意義を明らかにする。

　Xさんは、中学校の英語科の教育実習を学部4年生の時に行った。最後の授業が研究授業であったが、その際に生徒達がグループワークに熱中し過ぎて時間通りに授業を終えることができなかった事例を挙げた。時間通りに授業を終わらせるために何が必要だったのかが彼女のリフレクションのテーマであった（0稿はメモであるため割愛する）。

　この0稿の記述を基にして、なぜ時間通りに終わらなかったのかについて活発な話し合いが行われた。そして、話し合いを通して、クラスが変化して活発な意見が出るようになったことがこの記述のテーマであるとXさんは気づいた。すなわち、「静まり返った教室」から「元気すぎる教室」へのドラスティックな変化こそがテーマだったのである。この気づきを基にしてXさんが書いたI稿を次に挙げる。

　このI稿について4人で読み合わせを実施し、感情、身体感覚、望んでいることがどの程度書かれているかをお互いにチェックし合い、下線を引く作

Xさんの記述 I 稿

「Hi. Next question. Any volunteers?」教室が₃大晦日の夜の学生マンションのような静けさに包まれている。初夏の空は嬉々として明るく、青い。対して、この部屋は私には₁窮屈で無機質に感じられる。数十秒の沈黙の後、口を開いたのは私であった。「じゃあ、もう一度前のところに戻ってみましょう。」…₁とびきりに静かなクラスだ。

あれから、2週間が経った。今日は研究授業、この教室でする最後の授業だ。少し₁胸がドキドキとする。子ども達が発言をしやすくなるような取り組みを自分なりにしてきたと今までの2週間を₃脳に刻み付けるように思い出す。子ども達の顔も思い出される。₁真剣な顔、疑問を抱えているのか首をかしげていたあの時の顔を。

「先生、こんにちはー!」ドアを開けると、₂爽やかな笑顔で一番前の席の女の子が声をかけてくれた。よし、頑張ろう。ベルが鳴った。「Hello, everyone!! How are you??」「I'm good.」「I'm fine.」「Fine.」どこからともなく返答が聞こえてくる。₁とても元気な声だ。₃クラス中の声はとどまることを知らない。「それでは授業の最後にみんなに班で出たアイデアを発表してもらいたいと思います!Please raise your hand.」「キーンコーンカーンコーン」チャイムが鳴ってしまった。だが、いつから₁こんなに騒がしい教室になったのだろうか。自ら手を挙げている生徒たちがそこにいた。結局、すべての班が時間は過ぎたが、発表をしてくれた。振り返ると、授業中子ども達の声が₁明るく常に響いていた。

業を行った。Xさんの記述には「大晦日の夜の学生マンションのような静けさ」といった比喩（下線部②）が効果的に使われており、また教師と生徒の身体感覚、感情が多く記載されている（下線部①）。ただし、教師がこの状況で何を望んでいたかには言及されていない。お互いに下線を引き、話し合いをしていくなかでこのことが明らかになった。Xさんは、自分が何を望んでいるのかを、記述を修正していく過程で何度も問い直した。

(3) 書くことは書き直すこと

「生活世界の経験の十全さと曖昧さを公平に評価できるためには、書くことは書き直す（再考する、リフレクションする、再確認する）という複雑なプロセスへと向かうことになろう」。ヴァン＝マーネンは、さらに次のように述べる。「書くことと書きなおすこととが深みを創造する」。「それは繰り返し繰り返し、ここでもあそこでも、部分と全体との間を行きつ戻りつするアプローチがなされねばなら」ないと[17]。学生たちも幾度もの話し合いを経て、推敲を重ねた。そして、次頁に示すII稿が完成した（紙数の関係上、一部を掲載する）。

Xさんの記述Ⅱ稿

これから、このクラスでの最後の、研究授業だ。これまでのことを③刻みつけるように思い返す。何時ものように午前中の学校には、③真っ新な光と空気が差し込んでくる。子ども達の声がどこからともなく聞こえてくる。生徒とかかわりを出来るだけ持とうとしていたことを思い返す。どんな意見でも少人数なら話しやすいと考え、まずはペアで話し合いをさせた。また、班で楽しく話したくなるような題材や問題を導入に使ったりと、まずは生徒の③心をほぐすことに専念していた。また、まずは人に求める前に自分から生徒と多く関わりを持つことを考え、授業の前には必ず早めに行き、まず自分から歩み寄っていって話をした。①③心なしかテンションを高くして、心を開いて自然に生徒と話をするようにした。①照れたり避けてしまう生徒も、話しかけようと顔に目をやると①②少し頬が綻ぶ。私は①すこしほっとする。否定的に思われているようではなさそうだ。授業を重ねるうちに生徒は少しずつ自分から話しかけてくれるようになっていった。自分から学校での話をしてくれる。私よりもしっかりして見えた生徒たちは実は③子どもらしい心を持っていて、とっても①無邪気にいろんな話をしてくれた。もうこの子たちと授業できるのは最後なのか。①②少し心が掻きまわされるような想いである。子ども達の顔を思い返す。少し①泣きそうになる。今は泣けない。①気を引き締めなおして、顔を上げ、遠慮せず②コツコツとパンプスを廊下に響かせて教室へと向かう。「先生、こんにちはー!!」ドアを開けると、①爽やかな笑顔で一番前の席の女の子が声をかけてくれた。「こんにちは!! 今日もよろしくね!」よし、頑張ろう。チャイムが鳴る。「Hello, Everyone. How are you?」「I'm good.」「Great!!」どこからともなく声が聞こえてくる。①いい感じだ。さて、導入を始めよう。「OK. It's time up!!」一部しか静まらない。生徒はまだペアで挨拶表現をして遊んでいる。あれれ、寧ろ、騒がしすぎるくらいかも。「次のところいくよー!」。だが、子ども達の声は鎮まることをしらない。とにかく授業を前に進めなくては。「それでは最後にみんなに班で出たアイデアを発表してもらいたいと思います。Please, raise your hand?」キーンコーンカーンコーン。チャイムが鳴ってしまった。授業時間が足らなかった。授業計画ではゆとりをもってつくったはずなのに。けれども、そこには自ら手を挙げている生徒たちの姿が教室にあった。と、私は①はっとする。授業中、ずっと子ども達の声が①明るく常に響いていた。

　記述を重ねていくなかで、「クラスが自由に発言できる空気でないことに問題意識を抱き」、「もっとクラス中の意見が拡がり、クラスみんなで学びあえるそんな学習環境」を作ることを望んでいた自身の望みに気づいた。そして、学びあえる学習環境をつくるために、実習期間中に努力したことを詳細に記述した。英語を楽しんでもらうためにどのような努力をしたかも詳細に記述した。彼女は、英語を教えることを通して、人と自由にかかわることの楽しさ、学びあうことの楽しさを伝えたかった。結果的にこの意図は成功したと言えるだろう。Ⅰ稿と比べてⅡ稿ではさらに①の生徒と教師の感情や身体感覚、②の比喩が多く使用されており、読者に情景がありありと浮かぶ記述となっている。そのことで、Xさんの願いが読者にも伝わってくる現象学的な記述となったといえるだろう。

まとめにかえて

　教師は教科を教えることを通して、自身の価値とするところを生徒に伝えている。Xさんは、教育実習で英語科の授業を教えながら、「私語をせず、5分前に給食を食べ終わる」子どもたち、「まじめに授業を聞き、言われたことにはしっかり取り組むが、意見が全く出ない雰囲気のクラス」に、「自由に発言すること」「クラスみんなで学びあえる」こと、「子どもらしい心」をありのままに出し、「自分から（実習生に）話しかけ」ることを伝えようとした。彼女が学校教育において価値があるとみなしていること、言い換えれば彼女自身の教育観が、授業内外の働きかけを通じて生徒に伝わっていったと言えるだろう。

　次頁に、Xさんが自分の記述の過程を振り返って書いた「リフレクションのリフレクション」を挙げる（とくに注目すべきポイントに下線を引いた）。

　カンファレンスやコーチングによるリフレクションと比較して、記述は自分自身と向き合う作業となる。その分孤独で、厳しい側面もあるが、記述することによってその経験のもつ豊かで深みのある部分が照らし出されてくると言える。

　感情を表す言葉、身体感覚を示す言葉を記述に盛り込んでいくことで、「生きられた経験」がまさに生きられたように記述され、読者もその経験を追体験することが可能となる。その状況において書き手が「何を望んでいたか」は、記述や記述されたものを通しての話し合い、コーチングによって、ようやく顕わになってくると言えるのである。そして、「何を望んでいたか」を基にしてさらに記述を進めていくことで、教師としての自身の望み、価値観が明らかになってくる。この望み、価値観をいま一度吟味の俎上に載せ、リフレクションしていくことが、さらなる本質への問い＝省察となっていくと考えられる。

Xさんのリフレクションのリフレクション

①自分の経験は、望み＋行動＋感情で成り立っているんだということに気づいた。すべてが影響しあって、何かを感じて思って次の行動につながっていくんだということを普段は意識しないことであるが、リフレクションをして実感させられた。
②自分の内側の変化を伝えようと、子細に描くことは難しい。変化を伝えるための言葉遣いには工夫がいる。また、内側を表現することも少し恥ずかしいし、それを時間を経るごとに詳細に表現するのはとても難しかった。
③しかし、表現すること、自分の中の感覚を精確に表現しようとすることは楽しいと思った。自分の内側でかみ砕かれた経験や感情なのに、気づいていなかった感情を知ることができて面白いし、言葉になって自分の経験が言葉に表現されることで、クラスメイトや先生に伝わっていく過程が面白かった。相手に伝えようと自分なりに言葉で表現をしようとすると、ありありとした感情や想いが表れてきたことに驚いた。
④また、自分の知らなかった自らの想いや大切にしていることをかいまみることが出来た。大切に思っていることは、自分の価値観、行動の根幹の部分であると思う。そんなとても大切だけれど、見過ごしがちになる事柄を考える機会を持つことが出来たことはとても有益な機会であった。リフレクションは回数を重ね、深めれば深めるほど自己理解にもつながることも面白かった。
⑤他者理解も拡がった。クラスメイトの感じ方を言葉や彼女達自身の表現を介して、彼女達の経験をまるで自分事のように感じることが出来た。「彼女達らしさ」を感じ、彼女達の思考の方法、流れを知れたことに喜びを感じた。

注

1 藤田和也「書くことと分析・批評し合うこと―教育実践記録の意義」教育科学研究会編『教育実践と教師　その困難と希望』かもがわ出版、2013年、213-218ページ。

2 同上、218-220ページ。

3 たとえば、東めぐみ著『看護リフレクション入門―経験から学び新たな看護を創造する』ライフサポート社、2009年。

4 中田基昭編著、大塚類・遠藤野ゆり著『家族と暮らせない子どもたち―児童福祉施設からの再出発』新曜社、2011年。

5 van Manen, Max, On the Epistemology of Reflective Practice In: *Teachers and Teaching: theory and practice.* Oxford Ltd.（1）1, 1995, p. 35.

6 マックス・ヴァン＝マーネン著、村井尚子訳『生きられた経験の探究』ゆみる出版、2011年、45ページ。

7 同上、65-71ページ。

8 van Manen, M., Reflectivity and the pedagogical moment: the normativity of pedagogical thinking and acting, *Journal of Curriculum Studies*, 1991, vol.23, no.6, pp.508-509.

9 van Manen, Max, *The Tact of Teaching: The Meaning of Pedagogical Thoughtfulness*, SUNY, 1991, pp.105-118.

10　村井尚子「実習における教育的契機への反省的記述―反省的な幼稚園教員養成のための一方策」『日本教師教育学会年報』第 17 巻、2008 年、138-147 ページ。ただし、「教育的契機」の記述を現象学的なそれにするためには、時間をかけた指導が必要であり、教育実習の事後指導の中では十分な現象学的記述には至っていない。

11　村井尚子「『子どもという人間』への理解 (2) ―現象学的記述の分析―」『大阪樟蔭女子大学研究紀要』第 2 巻、73-83 ページ。本稿で扱ったのは「子どもにとっての暗闇の経験」であり、教育実習における教育的契機の記述ではない。

12　マックス・ヴァン＝マーネン、同上、69 ページ。

13　吉田章宏「『教育の極意』の現象学的研究―多種多様な『極意』の解明と統合への道」『学ぶと教えるの現象学研究 17』宮城教育大学学校教育講座教育学研究室、2017 年 2 月、100-135 ページ。

14　佐藤学『教師花伝書―専門家として成長するために―』小学館、2009 年、27-28 ページ。

15　同上、34-36 ページ。

16　F. コルトハーヘン編著、武田信子監訳『教師教育学―理論と実践をつなぐリアリスティック・アプローチ』学文社、2010 年、136 ページ。

17　マックス・ヴァン＝マーネン、同上、208-209 ページ。

Ⅱ　実践交流記録

現代日本における道徳教育の根本問題

―― 教師の良心と仏教原理

川村覚昭（佛教大学）

はじめに

　正式な教科としての道徳が昨年度から小学校で始まった。我が国の戦後は、「教育基本法」に示された「人格の理念」[1] に基づく教育を全面的に展開してきた。しかし、それにも拘らずそれに反する現象が多発し、社会問題化したことが道徳の教科化を推進する切っ掛けになったことは周知の事実である。

　我が国の戦後教育は決して道徳教育を排除してきたわけではない。それは、人格の理念が教育を規定する限り、人間性の内実となる人格形成が教育の中心となるからである。換言すれば、人間が人間であるための核心となるのが人格だからである。それ故、教育が人格形成に中心を置く限り、教育は道徳教育に集約されるのであり、戦後教育は道徳教育に教育本来の方向を見ていたといっても過言ではないであろう。

　しかし、現実の教育は、この方向を正確に認識していたとは言い難い。それは、戦前期の教育勅語体制下における修身科教育が軍国主義の高揚とともに個人軽視の道徳教育へと偏向したために自由な批判精神が封殺され、その結果焦土と飢えを齎す「肇国以来の敗戦」[2] という未曽有の歴史的経験から、戦後の教育現場では「道徳教育そのものを忌避しがちな風潮」[3] があったからである。このため戦後の一般的傾向は、道徳を教育から切り離し、徳育よりも知育と体育へと傾斜することになったのである。戦後 70 年のこうした風潮が結果的には国民の間に道徳意識の稀薄化を招来し、道徳の教科化を許す事象が教育現場に蔓延することになったのである。その意味では、我々は、改めて戦後教育の目指した人格の理念に立ち返り、その意味するところを理

解しなければならないであろう。本稿では、こうした視点から今日の道徳教育が直面している根本問題を考えてみたいと思う。

1. 『学習指導要領』に示された道徳教育観の問題

　昨年度から小学校で始まった道徳の教科化は平成 29 年 3 月 31 日に改訂告示された『学習指導要領』に基づく [4] が、その総則の第 1 の 2 に於いて道徳教育は「道徳の時間を要として学校の教育活動全体を通じて行うもの」とされている。この規定は、平成 20 年に公示された『学習指導要領』に初出し、「道徳の時間の道徳教育における中核的な役割や性格を明確に」[5] するためにそれ以後踏襲されているものである。しかし、今回の道徳が教科化されたことを考えると、この規定は今まで以上に重みを持つものとなるであろう。なぜなら、教育は、子どもが「人間らしい人間 (homo humanus)」になることを願ってする人間的行為であり、子どもが非人間的な在り方に陥ることを望むのでない限り、教育は、人格の核心に人間特有の道徳性を考えなければならないからである。戦後教育が人格の理念に規定されるということは、こうした人間特有の道徳性を中心に教育することであり、それを教育の本質的な問題にすることである。その意味で、今回の『学習指導要領』の改訂は戦後教育が求めていた教育の本質的な問題の実践を改めて目指すものである。

　しかし、問題は、道徳性の内容である。『学習指導要領』の総則ではそれが明確ではない。確かにそこでは道徳教育が行う徳目が 12 項目挙げられている [6] が、それらは道徳性の内容ではない。道徳性は、その 12 項目を身に付ける日本人を育成する基盤として見られている。それ故、総則でいう道徳性は単に日本人だけのものではなくおよそ人間である限り基盤になるものを想定していると考えられるが、それが何であるのか、はここでは明確ではない。ただ、道徳教育の展開に当って「特に児童が基本的な生活習慣、社会生活上のきまりを身に付け、善悪を判断し、人間としてしてはならないことをしないようにすることなどに配慮しなければならない」とあることから言えば、生活世界にある人間的事象に離反しない在り方が道徳性と考えられているように思われるのであるが、もしそうだとすれば、それは人間の基盤とし

ての性格を持つものにはならない。なぜなら、そこでは歴史的に形成されて
きた生活世界に対する自由な創造的批判的態度が消失するからである。先述
したように戦後教育における人格の理念が教育勅語体制下の修身科教育にお
いて自由な批判精神が封殺されたことに対する反省から出てきたことを考え
ると、道徳性が人間の基盤であるということは、生活世界に単に順応するの
ではなく、それを人格理念に照らして客観的に問題にできると言うことでな
ければならないであろう。従って、総則に現れた道徳教育観に対しては批判
的な目を向けねばならない。

2．『学習指導要領』における道徳教育強化の歴史的背景

　今回改訂された『学習指導要領』から道徳教育が強化されることになった
直接の原因は、平成 23 年秋に大津市の中学生が起こした「いじめ自殺事件」
がクローズアップされ、いじめの深刻な状況が自覚されるとともにその防止
策として道徳の質的転換が求められたからである。そのことは、文部科学大
臣の松野博一氏が出した平成 28 年 11 月 18 日の「文部科学大臣メッセージ」
によく現れている。そこでは「道徳の特別の教科化の大きなきっかけは、い
じめに関する痛ましい事案でした」と言い、「現実のいじめの問題に対応で
きる資質・能力」の養成と、いじめを自分の問題として「多面的・多角的に
考え、議論」する道徳教育に転換することを求めている。これは、いわば子
どもの実存に訴える道徳教育と言え、子どもの良心 (Gewissen) の覚醒を期待
するものである。

　先に『学習指導要領』の総則では「道徳性」が明確でないことを指摘したが、
『小学校学習指導要領』第 3 章の「道徳」には道徳性について三つ挙げられて
いる。すなわち①道徳的な心情②判断力③実践意欲と態度である。そしてこ
れらを養成することが「道徳教育の目標」であると示されている。既に、道
徳性が人間の基盤でなければならないとすれば、生活世界の全体を問題視で
きる地平にそれがあることを見たが、道徳教育の目標となるこれら三つは固
よりそうした地平のものでなければならない。なぜなら、それらが、単に生
活世界に順応させるものにすぎないなら、それらは「良心」の問題にならな

いからである。つまり、いじめは個人が起すとしても、そうした出来事を生み出すのは生活世界であり、それを構成している人間と世界が問題になるからである。良心は、こうした世界内存在の人間に目を向けさせ、人間と世界の現実を的確に認識させ反省させるものである。如上で『学習指導要領』の目指す「考え、議論する道徳」が良心の覚醒を期待するものであることを指摘したが、それは、道徳教育の目標となる道徳性の内容がそうした性格を持つものだからである。

　しかし、こうした性格を道徳性が持つものであるとすれば、きわめて困難な問題が教育現場に生じる。それは、子どもの良心を覚醒するためには覚醒させる教師自身の良心が問われるからである。そこでは世界内存在としての教師が人間と世界に対してどのように向き合うのか、また向き合うべきなのか、という実存的な問題に直面することになる。行政説明資料として文部科学省初等中等教育局教育課程課が平成29年に作成した『道徳教育の抜本的充実に向けて』において指摘されている道徳教育の質的課題はいみじくもそのことを明らかにしている。戦後の道徳教育を忌避する風潮は、そのことが却って隠れ蓑となり、自らの良心を誠実に問わなくてもよい状況を教師に創り出したことは事実である。文部科学省の行政説明資料が教師の現実について「教員をはじめとする教育関係者にもその［道徳教育の（筆者挿入）］理念が十分に理解されておらず、効果的な指導方法も共有されていない」と言い、更に「地域間、学校間、教師間の差が大きく、道徳教育に関する理解や道徳の時間の指導方法にばらつきが大きい」[7]と指摘しているが、こうした言説はいずれも教師が道徳教育を自分自身の問題として捉えてこなかったことを批判的に指摘するものである。道徳の教科化によって道徳教育の質的転換が求められることは教師が自らの実存に直面することに外ならない。このため道徳教育の現状は試行錯誤の状況である[8]。

　しかし、こうした道徳の教科化に対して教育界が全て賛同しているわけではない。それは、戦後教育が人格の理念に規定される限り、人格の理念に向けて教育をすれば「人間らしい人間」を形成できると考えられるからである。そこではことさら道徳を教科化する必要はないのである。しかし、それが始

まった以上、教師は、既述したように生活世界に単に順応するのではなく、人格の理念に従ってその全体を創造的批判的に問題視できる良心の形成に向けて道徳教育を実践する必要があるであろう。固よりそれは、実験ではない。教育は、実験のように人間を物象化する物理的行為ではなく、どこまでも人間的行為である。それ故、もし教育が実験的に行われるなら、取り返しのつかない結果を生むことも考えられるのである。現代教育学を代表するランゲフェルドの次の指摘はその意味で大事である、すなわち「教育の力は、人間が人間たりうるか否かを決定づけるほど深大なのであり、もしも教育の道を誤るならば、極めて重大な人格的損傷を招来せしめずには措かない」[9]と。従って、道徳教育が試行錯誤の状況にあるとしても、実験であってはならないのである。『学習指導要領』が道徳教育について道徳教育推進教師を中心に「道徳教育の全体計画と道徳の時間の年間指導計画を作成」して全教師の協力のもとに展開することを規定していることは、それが人格形成に関る教育である限り当然のことである。人格的損傷を齎さないためにも全教師が一丸となる慎重な計画が必要なのである。そこは固より教師の良心が現れる場面である。

　さて、今まで、『学習指導要領』で示された道徳教育強化の歴史的背景を考察し、道徳教育の目標である道徳性が教師自身の良心の問題として求められることを明らかにした。しかもその道徳性は極めて実存的な意味を持ち、生活世界全体に対して自由な創造的批判的態度を可能にするものであった。それ故、教師は、理不尽な支配に屈してはならないのであって、透徹した自由な主体でなければならない。ただ従うのは人格の理念から出てくる良心の声に対してだけである。それ故、教師の集団は良心的な共同体 (Gemeinschaft) であり、利潤と効率を最優先する近代社会の経済共同体 (Gesellschaft) とは本質的に異なるものである。しかし、現実の教育は、経済共同体に組み込まれ、教育の近代化という美名のもとに利潤と効率を優先する教育が一般化してきているのである。道徳教育を最重要課題とする文部科学省ですら、平成27年6月8日に「国立大学法人等の組織及び業務全般の見直しについて」という通達を出し、即効性が見込まれる自然科学に特化した学問体系への転換

を要請しているのである[10]。しかし、こうした教育の動向で果たして「人間らしい人間」の形成ができるのであろうか。今、そのことを考えるためには、現今の教育の理論的背景となっている近代教育学の論理を改めて明らかにしなければならないであろう。では、それはどのような論理であろうか。

3．近代教育学の論理

　近代教育学は、言うまでもなく西洋近代で理論化された教育学である。我が国は、明治以降の近代化のなかでそれを移入し展開したことは周知の事実である。それ故、近代教育学の論理を理解するためには近代教育学の歴史的基底をなす西洋近代に焦点を合せ、その実態を抉出しなければならないであろう。西洋における近代とはそもそも何であったのか。

　世界史家のランケによれば、近代はおよそ三つの出来事によって規定されると言う。すなわち①陸地発見②君主の体内権力の増大③対外問題におけるヨーロッパ列強の対立の三つである。ランケは、こうした歴史的出来事は西洋中世の「教権的原理」に対して人間の「精神的に自主独立せんとする或る種の努力」[11]によるものであると言うが、近代はまさにキリスト教の神を背景にした教権的原理から脱自する人間の主体的自由が人間存在の原理として自覚された時代なのである。それ故、現代哲学の至峰であるハイデッガーは、近代の本質的特徴を、人間の現存在との関係において「自己自身への信頼に満ちた自主的立法たる新しい自由への解放」[12]と言い、キリスト教を背景にする教権的原理に対する人間の在り方に決定的な変化があることを指摘する。すなわち「人間がキリスト教的な啓示真理と教会の教説に束縛されていることから、自分自身のために自分自身に基づいて自らに立法することへと、自らを解放する」[13]と。つまり、近代は、人間が自由を獲得し、何からも支配されない自由の主体に自らの在り方を変化させようとする時代なのである。それ故、ヘーゲルも近代史を自由獲得の歴史と見るのである[14]。しかし、こうした在り方に人間が変化するためには極めて根本的な問題が人間に科せられることになる。

　周知のように、キリスト教は天地創造の主としての神を宇宙の外に立て人

間は神の被造物と見る。このため人間は神の支配下に置かれるが、そのこと
は、神が人間の存在根拠であることを示す。しかし、近代の人間の志向は何
からも支配されない自由の主体を確立することであるが故に近代では自力で
自立できる原理が人間の喫緊の課題となるのである。それは、人間が人間と
してあるための存在根拠を自分で保証しなければならないことを意味する。
それ故、人間の外にそれを求めることはできない。なぜなら、外にそれを求
めるなら、神が支配したように支配されることになるからである。その限り、
人間が自ら自分の根拠とならねばならないのである。そのとき人間は自由の
主体になることができるのである。それ故、近代の人間にとって、自分の存
在根拠を自分の内に確立するこうした自己根拠づけ (Selbstbegründung) が本質
的な在り方であり、その限り「自律 (Autonomie)」が近代の人間観となるので
ある。従って、近代ではこの自律を実現することが人間の最大の課題であり、
それ故近代教育学は、この自律を理念として教育理論を構築し、自律的人間
を「人間らしい人間」として表象するのである。

　ところで、我々は、先に、近代教育学の論理が構成される背景にキリスト
教的支配から自己を解放する人間存在の根本的変化があることを見たが、そ
うした存在の根本的変化を思想的に確立したのがデカルトである。彼は、対
象批判的な懐疑的思惟を方法的に確立することで自己根拠づけとしての近代
的思考に理論的根拠を与えたのである。それ故、デカルトの形而上学に対し
てハイデッガーは次のように言う、すなわち「デカルトの形而上学において、
有るものが表象作用の対象であることとして、真理が表象作用の確信性とし
て、初めて規定される」[15]と。つまり疑うことは疑う者が有るものを対象と
して表象することにおいてできるが故に、最初から疑う主体と疑われる対象
の二項対立が前提されるが、その前提を造るのがどこまでも疑う主体、すな
わち人間の自我に外ならない。その意味で、デカルトが近代で初めて自律し
た自我を自己確立したのであり、「我思う、故に我有り (cogito, ergo sum)」とい
う彼の形而上学的命題はそのことを端的に示したものである。従って、デカ
ルト以後の近代的思考は、彼の自覚した自律的自我が神に代る主語的基体
(subjectum) として位置づけられるために自我から対象的にみる二元論的な表

象的思惟となり、それを可能にする自我に絶対的な形而上学的基礎を与える
努力がなされるのである。そのことは、換言すれば、自我が真理探究の主体
になることであり、「人間が真理の根拠」[16]になることを意味する。

　さて、このようにデカルト以後の近代的思考を見ると、近代の自己根拠づ
けの歴史は人間が真理の根拠として自らの力の拡大を意志する歴史となる
が、その歴史を形而上学的に完成させたのがニーチェである。近代の人間
は、真理の絶対的な揺るぎない基礎を自己の内に確立しようとする限り、自
ら獲得した存在の自由を誠実に責任をもって生きようとするが故にそれを拘
束するものはおのずから否定されねばならないが、そのことを思想的に強調
したのがニーチェである。従って、「神がある計画にのっとって創造した世
界」[17]があるとしても自らの存在の自由を誠実に守るという倫理的立場を貫
く限り、神は積極的に否定されねばならないのである。ニーチェの無神論は
こうした誠実な倫理的態度から要請されるものであり、デカルトの自覚した
自律的自我を徹底して護ろうとしたのである。その意味で、ニーチェはデカ
ルトの形而上学の枠組にいるのであって、それを超えるものではない。しか
し、こうしたニーチェの神否定の洗礼を受けた現代は、それが近代史の論理
的帰結であるとしても、最高価値の崩落とともに超越的視点を失うため、存
在の自由を最大限実現できる反面、自制以外に主体を規整する術がなくなる
ために、ハイデッガーが指摘するように「主観主義という非本質に滑り落ち
る可能性が存続」[18]し、その結果ややもすると「自我性と利己主義のさまざ
まな方式」[19]へ転化されることになるのである。先に見た自律を教育目的と
する近代教育学の論理は、換言すれば人間の自己完結性を目指すものである
が、それは何からも支配されない自存的在り方を志向するため却って自制の
ない自我性の暴発の可能性を常に秘めているのである。近代教育学の論理は
こうした危険性を孕む論理なのである。

４．近代教育理論の思想的転換

　今、我々は、近代教育学の成立が人間の脱キリスト教の問題と深く関って
いることを見たが、そのことは、既述したように「精神的に自主独立せんと

する或る種の努力」であった。それ故、そこではニーチェが典型的に示すように徹底した神否定の論理に収束することになるが、自律を理念として教育理論を構築する近代教育学は、人間存在の自由を徹底して追究する限り、この論理を助長することになるのである。その意味で、近代教育学の論理は、ニーチェがニヒリズムの形式として表現した「最高価値の価値喪失」を推進し、人知を超えた超越性を瓦解させるのである。しかし、こうした論理は、もともとキリスト教が存在するが故に成立した論理である。

　キリスト教の神学思想では超越的創造神は宇宙の外に立つ無限の存在であるが、現代ドイツの神学者パネンベルグはその無限について次のように言う、「無限なものは有限なものに単に対置されるばかりであってはならず、むしろ同時に、この対立さえ包みこんでいなければならない」のであり、無限なものはそうした「超越的なものとして……有限なものに内在するものとしても考えられねばならない」[20]と。有限な人間が無限な神に造られるということは絶対的な自己肯定の神が有限な人間を内在的に肯定することであり、それ故世界に対して自立し、そして自律へ向かう人間の自由意志は人間を内在的に肯定する神に向って進むことになる。近代はこうした人間の自己神化（Selbstgötterung）の意志が人間の全面に現れる時代なのである。近代教育学が自律を理念にするということは人間を神に向けて絶対肯定するこの意志を教育の中心に置くことであり、その意味で近代教育の理論は自己肯定の意志を人間形成の基本的な原理にするのである。

　我が国の戦後は、既述したように個人軽視に繋がった修身科教育の反省から自己肯定の意志を尊重する人間中心の近代教育を純粋に展開してきた。しかし、今日の教育現実はいじめをはじめとする多様な教育問題や社会問題が噴出しているのである。私はその原因として戦後の道徳教育に対する忌避意識を強く強調した。確かにそのことが道徳意識の稀薄化に繋がったことは否定できないが、より根本的には近代教育の理論構造そのものに問題があるのである。先に私は、近代教育学の論理には自我性が暴発する危険性があることを指摘したが、それは、デカルト以後の近代的自我が自律を確立するうえで自意識を高め肥大化してきたからである。先に見たニーチェの神否定の思

想は存在の自由を誠実に責任を持って生きようとする倫理性に支えられているが、その倫理性も、自我が生を絶対肯定するところに実現されることを考えると、自我には最初から神を否定できる主導性が求められているのであり、その限り自我は出来るだけ肥大化しようとするのである。従って、こうした自我の自意識を近代教育学が肯定し理論化する限り、人間の自己神化を前進させる自我が教育のなかで強調され、他者を従わせる自意識が、罪障意識が育たないまま極端に拡大することになるのである。人間の自立は神との関係において可能になったことを考えると、神を否定し神意識を持たなくなった現代人は自立性の根拠が薄弱になり、自己を絶対視する以外には頼るべきものを何も持たないが故に、自己への過度の執着を起し、過剰な自意識のもとでそれが批判や侵害に晒されるとき自我性を暴発させることになるのである。近代教育の理論はこうした事態に行きつく構造を最初から持っており、それ故今日の教育問題や社会問題は、単に道徳教育が忌避されてきたために起っているというだけのものではないのである。近代教育の構造的問題がそこにはあるのである。

　さて、近代教育の構造をこのように見ると、これからの道徳教育は近代教育学の論理を踏襲するだけでは今日の教育現実を改善することができないであろう。むしろ近代教育学の内質を形成している思想の根本的な転換ないしは脱構築を道徳教育は志向しなければならないであろう。現代の教育が、利潤と効率を追求する経済共同体（Gesellschaft）に組み込まれているために一層そのように思われるのである。しかし、この現実も実際には近代教育の所産である。なぜなら、近代教育は、どこまでも自己完結的な自我を確立することが最大の課題であり、他者との共存ではないからである。それは、或る意味「自己しか信じるものがない」というニヒリズム的な事態に教育を集約させることである。ニーチェは、「ニヒリストとは、あるがままの世界については、それはあるべきでなかったと判断し、また、あるべき世界につては、それは現存しないと判断する人間のことである」[21]と言うが、全てを否定して自己完結的に自存する個、これが、近代教育が最終的に生み出す人間の姿である。それは、自分の力で価値設定できる姿でもある

が、自己完結的に自閉する姿でもある。自己を絶対視する以外に頼るべきものをもたない自意識過剰な現代人にとって全否定こそ自律的であると誤解すれば自分勝手な価値設定を行うか自分勝手な世界に自閉することになる。そこではニーチェの言う能動的ニヒリズムの倫理性は欠如し、ただ自分のことしか考えない人間に頽落するのである。献身や義務や使命感よりも自己主張や欲求充足を好む今日の風潮はそのことを示しているであろう。そこには最早自己を冷静に見つめる良心はない。とすれば、道徳教育は、近代教育をどのように転換すべきなのであろうか。

5. 道徳教育と仏教原理

　我々は誰しも近代の枠組のなかにいることは否定できない。それ故、近代の枠組のなかで構築された教育を受けることになるが、今、その根本問題を明らかにしたのである。それは、最悪の場合、自我性を暴発させる倫理性喪失の事態に人間を頽落させることであった。そして近代教育の理論そのものがその事態を招来させるのである。それは、結局、近代教育学が、自己を絶対に肯定する人間中心の教育論を構築することで、人間の倫理的規整に大きな役割を果たしてきた超越的な最高価値を瓦解させたからである。固より、それは、脱キリスト教を目指し自由な主体を確立しようとする近代の人間の意志と相即するものであり、人間の自律を実現しようとする限り、当然のことなのである。しかし、そのことが、却って人間の問題行動に繋がるという背理的状況を生み出すことになった。その意味で、我々は、近代教育の自己矛盾に逢着しているのである。つまり、近代教育が自己肯定の論理を人間形成の原理にする限り、自我が我化し、恣意的欲求を無限に追求する危険性が現れるのである。それ故、近代教育の修正が求められるが、それは、最早西洋近代の思想を規準にして考えることはできない。では、どのような論理が求められるのであろうか。

　先に私は、今年度から始まった道徳の教科化において求められた道徳の質的転換は、「考え、議論する道徳」を展開することであり、それは良心の覚醒を期待するものであることを指摘した。文部科学省の行政説明資料で

は、この「考え（る）」を敷衍して二つの意味に分節している。一つは「自己を見つめる＝自分のこととして、自分との関わりで考える」、もう一つは「多面的・多角的に考える」[22] である。そして「議論」の意味については「自分とは異なる意見をもつ他者と議論することを通して、道徳的価値を多面的・多角的に考える」[23] と規定し、「考え（る）」の後者に繋げている。後者の「考え（る）」の目的は「自己の（人間としての）生き方についての考えを深める」[24] と規定している。そしてこうした「考え、議論する道徳」が目指すのは「主体的・対話的で深い学び」の実現である[25]。従って、以上の行政説明資料から明らかになることは、道徳教育は、自己への内省と他者との協働（議論）を重視し、その実践が人間としての生き方と主体的・対話的学習の実現に繋がると考えていることである。その点では、自律的自我の確立を目指す近代教育学の論理とは距離を取っており評価できる。しかし、従来の近代教育の理論構造を積極的に批判しているわけではない。それ故、近代教育における人間形成の原理、すなわち自己肯定の論理に対する見解は見えてこない。しかし、本当の意味で自己への内省と他者との協働（議論）ができるためには、道徳教育は自ら近代教育の原理を脱しそれを根本的に転換しなければならないのである。今、そのことを内省と協働について敷衍すると、自己への内省は現在の自己を見つめ直して真の自己へ深まることと考えるなら、それは現在の自己を一度否定することが求められるであろうし、また他者との協働（議論）が可能になるためにはお互い他者の発言を聞くということが自己になければならないが故に黙るという自己否定がなければならないことが分るであろう。従って、こうした内省と協働の事態から言えば、『学習指導要領』で示された道徳教育が本当の意味で実現できるのは自己否定に人間形成の原理を置いたときである。その意味で、自己否定は、近代教育を根本的に転換し近代教育学の論理に対して脱構築する視点を与えることになるであろう。

　固より自己否定の原理を代表する思想は我々の文化の基層となっている仏教である。その根本特徴は、デカルトが確立したような不変的な実体としての自我を否定し、存在するものは全て因縁によって生起すると見ることである。従って、世界は、キリスト教のように実体的な神の創造に

よって存在するのではなく、相依相待という関係性によって成立していると考えるのである。こうした考えを仏教は「諸法無我」と言い、「我無し」という自己否定にこそ人間本来の自由があると考えるのである。なぜなら、「我無し」の自覚こそ自我性に見られた我執から離れることができると考えられるからである。その意味で、この自己否定はデカルト的な意味での実体的自我を脱却した真の我を自覚させることになる。それは、我の無を自覚することによって開かれ到達する我であり、それ故何ものにも還元できない我であるが、現代日本の宗教哲学を代表する上田閑照氏はそれを次のように説明する、すなわち「「我なし」と言うのは、存在論的確認ではなく、「我なし」という自覚であり、自覚として「我」である。新しく「我なき我」である。このとき、実体とされていた「我」は幻として関係へと空解されるが、同時に、逆に、そのつど全関係が交わり唯一独自の仕方で集約されて映し出される結節点としての「我」が蘇る」[26]と。上田氏のこの適切な説明から分かるように、無我は、決して自己喪失する事態ではなく、実体的我を否定することにおいて実体性とは違った唯一性を自覚する我の独自性を現出させるものなのである。その意味で、仏教の原理は、自己否定を通して真の我、自我性でない本当の自己を人間に実現させるものであることが分るのである。従って、今日の教育現実の危機を道徳の教科化で克服しようとするなら、この原理が人間形成の基盤とならなければならないであろう。なぜなら、それが、戦後教育のなかで求められてきた人格の内実をなすなら、自己中心的な自我の在り方が打破され、他者と共存できる関係性が実現できると考えらるれからである。しかし、そのさい注意しなければならないのは、既に指摘した道徳教育の困難さである。それは、道徳教育においては教師の良心が常に問題になるからである。仏教が明らかにする「我」の問題も教師自身がそれを自分の問題としてどう自覚するか、どう生きるかという実存的な問題にかかっているのである。

注
1　「人格の理念」についての詳細は拙論「現代教育と良心の問題―人間形成の宗教的基盤―」(佛教大学『教育学部論集』第 28 号、2017 年 3 月 1 日発行) を参照。
2　南原繁「日本における教育改革」、鈴木英一編『教育基本法文献選集Ⅰ　教

育基本法の制定』(学陽書房、1997 年) 所収、32 頁。

3　文部科学省初等中等教育局教育課程課編『道徳教育の抜本的充実に向けて』
(平成 29 年度道徳教育指導者養成研修ブロック説明会　行政説明資料) 12 頁。

4　道徳の教科化については平成 27 年 3 月の『学習指導要領』一部改正で示さ
れているが、実際に具体化するのは平成 29 年の『学習指導要領』の改訂告示
による。

5　平成 20 年 6 月の『小学校学習指導要領解説　道徳編』(文部科学省) の 7 頁
以下参照。

6　12 項目というのは以下のものである、すなわち、①人間尊重の精神②生命
に対する畏敬の念③豊かな心④伝統と文化の尊重⑤我が国と郷土を愛する
こと⑥個性豊かな文化の創造⑦公共の精神の尊重⑧民主的な社会と国家の
発展⑨他国の尊重⑩国際社会の平和と発展⑪環境の保全⑫未来を拓く主体
性のある日本人

7　『道徳教育の抜本的充実に向けて』12 頁。

8　京都新聞 2018 年 (平成 30 年) 11 月 30 日夕刊に「『教科道徳』に試行錯誤」の
見出しの記事がある。この記事のなかに京都市立錦林小学校の近藤清美校
長の評価についての次の発言「『よく頑張りました』ではだめ。評価するため
には、授業の狙いをしっかりさせたり、考えさせるための発問ができたり
といった教師の力量が問われる」は教師の現状を押えたものである。

9　マルティヌス・J・ランゲフェルド著、岡田渥美・和田修二監訳『M.J. ラン
ゲフェルド講演集　続教育と人間の省察』玉川大学出版部、昭和 51 年、100 頁。
尚、ランゲフェルドの教育学の現代性については拙論「教育学における人間
研究と超越の問題—子どもと宗教をめぐって—」(和田修二・皇紀夫・矢野
智司編『ランゲフェルド教育学との対話—「子どもの人間学」への応答』玉川
大学出版部、2011 年、所収) を参照。

10　そこには次のようにある、すなわち「特に教員養成系学部・大学院、人文
社会科学系学部・大学院については、十八歳人口の減少や人材需要、教育
研究水準の確保、国立大学としての役割等を踏まえた組織見直し計画を策
定し、組織の廃止や社会的要請の高い分野への転換に積極的に取り組むよ
う努めることとする」と。

11　Leopold von Ranke : "*Über die Epochen der neueren Geschichte*". 邦訳ランケ『世界史
概観—近世史の諸時代—』岩波文庫、2012 年、172 頁。

12　Martin Heidegger : "*Der Europäische Nihilisumus*", in "*NIETSCHE*", Zweiter Band,
NESKE, 1 Auflage, 1961, S.142

13　Martin Heidegger : "*Die Zeit des Weltbildes*", in " *Holzwege*", VITTORIO KLOSTER-
MANN, 4.Auflage, 1963, S.81

14 G.W.S.Hegel : *"Vorlesungen über die Philosophie der Geschichte"*. 武市健人訳『ヘーゲル全集 10　改訳歴史哲学上巻』岩波書店、1964 年、21 頁以下参照。

15 *"Holzwege"*, S.80

16 *Ibid.*, S.142

17 Max Scheler : *"Philosophische Weltanschauung"*, 3. Auflage, 1968, S.86

18 *"Holzwege"*, S.85

19 *Ibid.*, S.102

20 Wolfhart Pannenberg : *"Metaphysik und Gottesgedanke"*. 座小田豊・諸岡道比古共訳『形而上学と神の思想』法政大学出版部、1990 年、46 頁。

21 Friedrich Wilhelm Nietzsche : *"Wille zur Macht"*, 原佑訳『権力への意志 (下)』(『ニーチェ全集　第 12 巻』)、理想社、昭和 55 年、107 頁。

22 『道徳教育の抜本的充実に向けて』 16 頁。

23 同書　17 頁。

24 同書　16 頁。

25 同書　25 頁。

26 上田閑照『哲学コレクション I　宗教』岩波現代文庫、2007 年、145-146 頁

Ⅲ　調査報告

教育実習・学校インターンシップ等に関するアンケート調査の結果分析
——阪神教協加盟校における現状

八木成和(四天王寺大学)

1．阪神教協加盟校におけるアンケート調査の概要

　阪神地区私立大学教職課程研究連絡協議会(以下、阪神教協)では、阪神教協加盟校を対象に毎年、アンケートを実施してきた。その結果をこれまでに植田(2014)、西口(2015)等において報告してきた。植田(2014)では各大学で「教職の意義等に関する科目」がどのように実施されているのかをもとに各大学の今後の授業の改善に活用できることを目指していた。また、西口(2015)では自由記述形式のアンケート項目により各大学が大学全体として教職教育課程を学内及び学外の機関との間で行っている連携について回答を求め、その結果を分析し報告した。

　このように阪神教協では、2009年度から「教職課程に関するデータベース」を作成することを目的とし、アンケート調査を毎年実施してきた。本来は、教職課程に関わる各大学の事務職員間の情報交換のためのアンケートとして実施し、その回答結果は「阪神教協教職課程データベース」と呼ばれる冊子としてまとめられ、回答した大学にのみ配布してきた。これは、本冊子には、各大学の教職課程の事務職員の責任者の連絡先も明記されているからである。そして、新規に教職課程の担当となった事務職員が阪神教協加盟校の他大学の事務職員と情報交換ができるようにすることも目的としているためである。阪神教協の加盟校間の連携に資するものとして利用されている。

　質問項目は、阪神教協の教職課程事務検討委員会(現在10名で構成される)が原案を作成し、幹事校会(現在19校で構成される)において提案され、追加・修正されることとなる。教職課程事務検討委員会は2016年度に内規を定め

て発足した。従来は、阪神教協加盟校の事務職員の有志の方により、教職員が教職協働により関わるべき課程認定や実地視察の内容等を主にテーマとする課題研究会（第3回：12月中旬に実施）の企画立案、教職課程に関わる事務職員間の情報交換を主な目的とした教員免許事務セミナー（年2回実施）の企画・運営、本データベースのアンケート調査の項目の作成等を行ってきた。しかしながら、事務職員のメンバーが変わっても阪神教協の事務職員を対象とした事業が継続できるとは限らない。そこで、本委員は定期総会において承認され、阪神教協からの委嘱状に基づき正式に関与できるようにした。

2．アンケートの実施方法と項目の内容

　阪神教協の加盟校と準加盟校の計76校を調査対象とした。このうち、75校（回収率98.7%）から回答を得た。2月末にアンケートの依頼文、設問一覧用紙、アンケート回答用紙を各校に発送し、併せて、阪神教協HPから設問一覧と回答用紙をダウンロードできるようにした。電子メールか郵送により回答用紙を回収した。

3．アンケート調査の結果と考察

(1) 教育実習に関して

　教育実習に関しては、今回の再課程認定において様式第5号「教育実習実施計画に関する書類」を提出することが求められ、その中に、「教育実習の受講資格」と「実習生に対する指導の方法」の記入欄がある。そこで、教育実習に関して、「教育実習の参加条件と訪問指導等の体制について、特に強化した場合は具体的にお書きください。」という教示を与え、自由記述形式により回答を求めた。後述するように学校インターンシップの単位をその一部として認定することが可能とされたことに加え、「教育実践に関する科目」が重視されており、参加条件や訪問指導の体制について強化することが考えられたため、臨時の質問項目として追加した。

　また、教育実習の受け入れ先の条件も多様になってきた。例えば、阪神地区では、神戸市が配属実習を実施している。教育実習の教育委員会への申込

期間も市町村によって異なっている場合がある。平成24年に出された「教職生活の全体を通じた教員の資質能力の総合的な向上方策について（答申）」（文部科学省,2012）において「学校ボランティア等を教育実習の参加要件としたり、実習前に教職への意志と自覚を確認するための面接やレポートを課すことなどにより、教員を志望する者が教育実習を受講するよう工夫し、いわゆる『実習公害』を是正する」として記され、教育実習の参加要件も重視されている。加えて、母校実習の場合の条件等も問題となる。

　自由記述形式の回答の結果のうち代表的な回答を以下に示した。全体として、教育実習の参加条件を厳しくしたことが回答結果から示されていた。

　第一に、参加要件としてGPAの利用が挙げられていた。例えば、2年次終了時点でGPA値が1.6以上であることと回答されていた。

　第二に、実習前の修得単位数が増やされていた。例えば、実地視察の助言を受けて変更したという回答が見られた。実習前に必要な知識・技能の習得が求められるようになってきている。

　第三に、実習参加要件としての事前に修得すべき科目の追加が挙げられていた。特に小学校の教育職員免許状の取得において顕著であった。例えば、「新設科目」の追加、「必修となる各教科指導法」の追加が挙げられていた。

　第四に、教育実習の事前事後指導の条件が厳しくされていた。例えば、教育実習の事前指導の科目において5分の4以上の出席がないと教育実習への参加を認めないという回答が見られた。また、事前事後指導の参加状況や取り組みの姿勢を評価し、不合格の場合には実習への参加を認めないとする場合も見られた。

　第五に、事務手続き等の条件が挙げられていた。例えば、面接し、「教育実習申込書」を提出させるという回答が見られた。あるいは、本学が指定する麻疹の抗体検査等の健康診断の結果を参加条件としている場合も見られた。

(2) 学校インターンシップについて

　「教育実践に関する科目」の中に従来の学校インターンシップの内容を「学校体験活動」として単位認定し、教育実習に含めることが可能となった。こ

れは平成 27 年に出された「これからの学校教育を担う教員の資質能力の向上について 〜学び合い、高め合う教員育成コミュニティの構築に向けて〜（答申）」（文部科学省, 2015）において、学校インターンシップの重要性が指摘され、「学校インターンシップについては，各学校種の教職課程の実情等を踏まえ，各教職課程で一律に義務化するのではなく，各大学の判断により教職課程に位置付けられることとする。このため, 教育実習の一部に学校インターンシップを充ててもよいこととするとともに，大学独自の科目として設定することも引き続き可能とするなどの方向で制度の具体化を引き続き検討する」と述べられていることに基づくものである。

　したがって、小学校の場合では、「教育実践に関する科目」(7 単位) のうち、従来の学校インターンシップを「学校体験活動」(2 単位まで含むことができる。) として含めて教育実習を 3 単位として、教職実践演習 (2 単位) を加えて合計 7 単位とできるようになった。ただし、「学校体験活動」については新たに受入承諾書の提出が求められている。また、取得予定の教育職員免許状の学校種との整合性も制約が多く、短期間では今回の再課程認定時には申請しにくい状況であった。本調査では、阪神教協加盟校中 2 校のみ「学校体験活動」を含めて申請したと回答されていた。

　これまでにも阪神地区の加盟校から学校インターンシップ等の学外実習を実施しているとの報告はなされていた (島田, 2015 他)。今後、具体的な「学校体験活動」の運用面について情報の共有を図りたい。

(3) 幼稚園教諭養成課程について

　従来は例えば四天王寺大学で開講している「保育内容の理論と方法」として、「健康」、「人間関係」、「環境」、「言葉」、「表現」の 5 領域について免許種に合わせて開講していた。ただし、小学校の教科とは異なり、領域は科目ではないので科目数だけ開講するというものではない。新課程では、「領域に関する専門的事項」と「保育内容の指導法 (情報機器及び教材の活用を含む。)」(本学では「保育内容の理論と方法」) の合計単位が、大学の幼稚園教諭 1 種免許状では 16 単位、短期大学の幼稚園教諭 2 種免許状では 12 単位が修得単位と

された。そして、「保育内容の指導法(情報機器及び教材の活用を含む。)」が今回
の再課程認定のコアカリキュラムの対象科目であった。シラバスには、「情
報機器及び教材の活用」を含めることが求められていた。

　また、「領域に関する専門的事項」への変更が求められた。これまでは小
学校教諭の教育職員免許状の取得用に開講されていた「国語」、「算数」、「生
活」、「音楽」、「図画工作」、「体育」が幼稚園教諭の教育職員免許状の取得の
ために必要な単位として読み替えが可能とされていた。この点について、経
過措置として平成34年度末までの任意の次期に変更する必要があるとされ
ている。小学校教諭の教育職員免許状と幼稚園の教育職員免許状の2つの養
成課程の場合、新たに5領域の専門的事項の科目が増加することになる。一
方で、小学校の「教科に関する専門的事項」のコアカリキュラについても平
成30年度から有識者会議で議論が開始されており、同時に変更することが
求められる可能性もあると思われる。

　そこで、「幼稚園の課程に『領域に関する専門的事項』として開設しました
か。」という質問項目を作成したところ、加盟校中10校が「領域に関する専
門的事項」を新たに開設したと回答していた。

　幼稚園教諭の養成課程を設置していない加盟校もあるため、この10校は
多いといえる。また、幼稚園教諭の養成課程のみを設置している場合はなく、
保育士養成課程や小学校教諭養成課程と共に設置している場合が多い。今後、
他の養成課程との科目の読み替えやカリキュラムの変更への対応が必要であ
る。

4．今後の課題

　第一に、平成31年度から保育士養成科目のカリキュラムが変更されるこ
とになっている。幼稚園の教育職員免許状の必修科目と保育士資格の必修科
目の読み替えがどこまでできるのかが課題となる。前述のように幼稚園の「領
域に関する専門的事項」を新たに開設する必要があり、負担が増えることと
なった。これは、学生にとっては幼稚園教諭と保育士の2つの免許・資格を
取得するときの単位習得の負担増となる。幼稚園の「領域に関する専門的事

項」を平成 34 年度末までの任意の次期に変更することとなっており、整合性をとることが求められる。

　そして、小学校の「教科に関する専門的事項」のコアカリキュラムと小学校の外国語（英語）に関する科目の増加である。小・中の連携に加え、保・幼・小の連携も重視されている。幼稚園教育要領（全国保育士会, 2017）では「地域や幼稚園の実態等により，幼稚園間に加え，保育所，幼保連携型認定 こども園，小学校，中学校，高等学校及び特別支援学校などとの間の連携や交流を図るものとする。特に，幼稚園教育と小学校教育の円滑な接続のため，幼稚園の幼児と小学校の児童との交流の機会を積極的に設けるようにするものとする。また，障害のある幼児児童生徒との交流及び共同学習の機会を設け，共に尊重し合いながら協働して生活していく態度を育むよう努めるものとする」と記されている。また、いわゆる「小 1 プロブレム」への対応も重要である。保・幼・小の 3 つの免許・資格の取得が学生の負担を可能な限り増加させないでできるのかが課題となる。

　第二に、科目等履修生等への経過措置の問題がある。平成 30 年度までに教育職員免許状が取得できなかった場合、新カリキュラムに加えられた内容の科目の履修が要求されている。平成 30 年度に卒業後に科目等履修生及び編入学生として教育職員免許状を取得しようとする場合、中学校・高等学校・養護教諭・栄養教諭では「特別の支援を必要とする幼児、児童及び生徒に対する理解」（1 単位以上）と「総合的な学習の時間の指導法」を含む内容を学修する必要がある。また、小学校では、これに加えて「教科に関する専門的事項」として「外国語」と「外国語の指導法」を学修する必要がある。しかし、以上の新たに追加された科目が平成 31 年度の 1 年生時に開設されていない場合、その残りの科目は次年度以降に履修できるまで待たないといけないということになる。平成 30 年度に卒業した科目等履修生の場合は 1 年後に、平成 30 年度に入学した編入学生の場合は 2 年後までに教育職員免許状が取得できないことが起こることも考えられ、集中講義等による特別な措置が必要なことも想定される。

　ただし、過年度生については平成 30 年 11 月現在において、卒業していな

い状態であるため平成 30 年度までの教職課程で修得が求められる単位により教育職員免許状の取得が可能であることが文部科学省より示されている。

　以上のように、平成 31 年度以降の新たな教職課程のカリキュラムの開始により混乱が生じることが予測されている。今後も加盟校間で情報を共有しながら対応していくことが必要であると思われる。

引用文献

文部科学省　2012『教職生活の全体を通じた教員の資質能力の総合的な向上方策について(答申)』(http://www.mext.go.jp/b_menu/shingi/chukyo/chukyo0/toushin/1325092.htm:2018 年 10 月 31 日現在確認)

文部科学省　2015『これからの学校教育を担う教員の資質能力の向上について 〜学び合い、高め合う教員育成コミュニティの構築に向けて〜(答申)』(http://www.mext.go.jp/b_menu/shingi/chukyo /chukyo0/toushin/1365665.htm:2018 年 10 月 31 日現在確認)

西口利文　2015「教職課程教育における学内および学外の連携の現状―阪神教協アンケート結果からの分析―」『阪神教協リポート』,38,9-11.

島田勝正　2015「地域連携教育活動の成果と課題」『阪神教協リポート』,38,24-27.

植田義幸　2014「教職の意義等に関する科目に関するアンケート調査の結果分析―阪神教協加盟校における状況―」『阪神教協リポート』,37,8-11.

全国保育士会　2017『保育所保育指針　幼保連携型認定こども園教育・保育要領　幼稚園教育要領』全国社会福祉協議会出版部.

附　記

　本報告は、平成 30 年 5 月 16 日に開催された阪神教協　第 1 回課題研究会(於　関西学院大学)において発表した内容を一部修正して、平成 30 年 5 月 20 日に全私教協　第 3 分科会(於　酪農学園大学)において発表した内容と質疑応答の内容をもとに作成したものである。

Ⅳ　論　考

大学の教職課程における内部質保証・外部質保証を めぐる課題

八尾坂修 (開智国際大学・九州大学名誉教授)

1．課題設定

　2018 年 11 月 26 日に提出された中央教育審議会答申 (以下。「中教審」という) 「2040 年に向けた高等教育のグランドデザイン」は、大学が行う「教育の質保証」と「情報公表」を通して「学び」の質保証の再構築を提示する。各大学が積極的に説明責任を果たしていくという観点からも大学全体の教育課程や教学に係るマネジメント等の大学教育の質に関する情報を可視化し、公表することを重視している。

　決定的な観点は「教育の質の保証や情報公表に真摯に取り組まない大学は、社会からの厳しい評価を受けることとなり、その結果として撤退する事態に至ることがあることを覚悟しなければならない」[1]と重く受けていることである。

　この点、大学としての「内部質保証」(Internal Quality) のタームが登場したのは 2008 年 12 月 24 日の中教審答申「学士課程教育の構築に向けて」であった。大学の第三者評価 (2004 年度からの施行) が一層重視されていく必要があるものの、「自己点検・評価」など PDCA サイクルが機能し、内部質保証体制が確立されていくという観点[2]を重視していたのである。アメリカの社会学者マーチン・トロウ (Martin Trow) が呼称する高等教育への進学者が 50% を超える「ユニバーサル段階」にある我が国の大学における質保証の充実は、大学のグランドデザインの核心として位置づけられていることは確かである。

　このような課題意識のなかで、本稿では大学の教職課程における質保証に焦点をあて、以下の点について検討することにしたい。まず、諸外国におけ

る教員養成の質保証の動向を教員の資質・能力スタンダードの点から探ることにする。わが国でも教育公務員特例法の改正（2016 年）により、教育委員会と大学等との連携により教員育成指標作成が都道府県・政令指定都市に義務付けられ、しかも現職段階とともに養成段階（あるいは着任時）における教員養成指標作成をも求めている。今後の教職課程基準・指標の在り方や活用の仕方を検討する上での素地ともなる。

　次にわが国での教職課程の質保証にかかわる中教審の提言を踏まえながら、各大学の自律的な内部質保証のあるべき姿をいくつかのグッドプラクティスを例示しながら探ることにする。そして最後に、今後の教職課程における外部質保証をどう進めていくべきかを現行の認証評価との関わりから捉えることにしたい。なお「質保証」の概念は、「高等教育機関が大学設置基準等の法令に明記された最低基準としての要件や認証評価等で設定される評価基準に対する適合性の確保に加え、自らが意図する成果の達成や、関係者のニーズの充足といった様々な質を確保すること」[3] である。

1．諸外国の教員養成における質保証としてのスタンダードの特徴

　ここでは、ア、養成レベルでどのような教員の資質・能力スタンダードがあるか、イ、教員の資質・能力スタンダードが養成カリキュラム編成にどう活用され、ウ、同スタンダードの達成状況についての評価はどのように実施されているか、エ、外部の機関、地域との連携・協働をどう図っていくかの観点から端的に捉えることにする。

　教員の資質・能力スタンダードは、1980 年後半からアメリカで開発され始め、2000 年代以降に国際的な潮流となっている。基本となるスタンダードの数は 6-14 程度で下位の項目やルーブリックを設定している国があること、学修成果（ラーニング・アウトカム）指標、資格や免許、採用、職能成長、教員評価のための基準として活用されている[4]。

　まず先駆けとなったアメリカでは、教員の資質・能力スタンダードが、教師教育制度・改革のみならず、教育プログラムにおけるアセスメントとして現職教員、校長や教育長職評価の枠組み[5] で活用されている。

　この教員スタンダードは、教員養成アクレディテーション協議会(Council for Accreditation of Education Preparation : CAEP)、州間教員評価・支援コンソーシアム(Interstate Teacher Assessment and Support Consortium: InTASC)、全米教職専門職基準委員会(National Board for Professional Teaching Standards : NBPTS)の3つのスタンダードが活用されている。各州では、これらのスタンダードを参考にしながら州独自のスタンダードを作成したり、利用している。大学では、これらのスタンダードを基に教員養成プログラムの編成やアセスメントが実施されている。

　外部質保証の仕組みとしては、州の認定に加えて、連邦政府による報告システム、上記の専門職団体によるアクレディテーション、内部質保証の仕組みとしては、教員志願者の学修成果(ラーニング・アウトカム)を評価し、その結果をカリキュラム編成や指導に活かすという継続的改善のアクセスが求められている。特にアセスメントの構造化が進められており、いくつかの段階に分けて、多様なツール(ペーパー試験、GPA、観察評価、ポートフォリオ等)が活用されている。

　イギリスでは教員不足を補うために、大学から学校側への教員養成及び教育研修の権限委譲が進み、プログラムが多様化している。このような状況において学校と大学、ほかの機関との連携・協働が不可欠になっており、教員の資質・能力スタンダードは、それらをつなぐための基準として機能している。

　そのなかで2007年に「教員の専門職基準」を策定したが、2011年に「教員スタンダード」として改編した。大きく教育活動(8項目)および教員の人間的・専門的評価(8項目)に関する2つの領域が構成されている。教員養成課程の学生及び現職教員が正規教員資格保持者として期待される実践の最低限のレベルを示す基盤として示されている。質保証のために国が設定した機関(現在はNCTL=National College for Teaching and Leadership)が存在し、教員スタンダードを利用して教員養成、初任者研修、職能開発研修、教員評価、不適格教員の判断基準、上級資格教員等への判断基準及び学校監査の側面で利用されている。

　これに対し、教員養成に特化したスタンダードを設定しているのがドイツ

である。ドイツは16州からなる連邦制であるが、常設文部科学大臣会議が
協定を結び、教師教育スタンダードを設定している。この教師教育スタンダー
ドには、教員養成教育を対象とした教育科学編、教科内容及び教科指導法編、
及び試補勤務、修了試験各州スタンダードがある。各州の教員養成では、こ
れらの教師教育スタンダードに適合するようなプログラムが編成されるとと
もに、1年から2年程度の試補勤務での入学と修了についての枠組として利
用されている。近年の特徴として、教員養成を行う大学では外部機関と連携
を強化する動きが加速し、例えばベルリン市では、教員養成実施大学と市と
の調整組織として教師教育運営委員会を設置しており、わが国の学校運営協
議会の機能と同様の方向にある。

　また、日本の教職キャリアに応じた教員育成指標と類似しているようなの
がオーストラリアである。国レベルのオーストラリア教師・スクールリーダー
シップ機構 (Australian Institution for Teachers and School Leadership : AITSL) で「教員の
ための専門職スタンダード (Australian Professional Standards for Teachers: APST) を作
成している教職生活を4段階として、新卒 (Graduate)、熟達 (Proficient)、高度
熟達 (Highly accomplished)、主導的立場の教員 (Lead) に区分し、各段階で必要と
される専門的知識、専門的な実践、専門家としての従事の3領域を規定する
とともに、7つのスタンダード、ルーブリックを設定する。さらに教員養成
プログラムで必要な単位取得後、最終学年で行われる教授に関わる成績評価
(Teaching Performance Assessment : TPA) で一定の成果を収めなければないが、TPA
の客観性を担保するため、14の大学が合同で統一的な評価の作成に取り組
んでいるのが特徴である。

　なお、教員養成プログラムが幼稚園課程を除き、修士課程レベルで実施さ
れているフィンランドでは、かつて国の高等教育の質保証システムにプログ
ラム評価が位置づけられていた1990年代には、その一貫として、教員養成
プログラムを対象として第三者評価が実施されていることがあった。現在で
は教員養成プログラムの質保証システムが機関評価としてオーディットを
行うのみとなったため、教員養成プログラムに特化した評価は行われてい
ない。各大学は提供している教育課程について定期的に見直しを行ってお

り、教員養成プログラムの質保証もこうした全体的枠組の下で実施されている。教員養成教育について多様性を認めるフィンランドのアプローチは、標準化が進みがちな議論に、異なる視点を提示している。

２．教職課程における内部質保証

　教職課程の質保証は内部質保証と外部質保証の側面がある。内部質保証の定義は認評評価機関により異なる。大学基準協会の定義は「PDCA サイクル等の方法を適切に機能させることによって、質の向上を図り、教育・学習等が適切な水準にあることを大学自らの責任で説明・証明していく学内の恒常的・継続的プロセスのこと」である。これに対し、大学改革支援・学位授与機構の定義では「高等教育機関が、自らの責任で自学の諸活動について点検・評価を行い、その結果をもとに改革・改善に努め、これによってその質を自ら保証すること」である。

　この点、内部質保証とはどのようなものと各大学が捉えているかといえば、大学基準協会の 2013 年度調査によると、内部質保証とは質の改善とともにその保証を意味するものが多くの大学の考えである。しかも質自体を教育の質だけでなく、教育を含めた大学の諸活動（教育活動、研究、社会貢献、教員組織、施設設備）の質と捉える傾向にある。またどのような仕組みで内部質保証をするかの考えでは、「（自己）点検評価」、「PDCA サイクル」のタームを包含している。しかも内部質保証を定義する語のなかで、「継続的」や「自律的」、あるいは「自らの責任で」という意味を含んでいることがわかる。結局何のために内部質保証を行うかについては、「大学の理念・目的」を達成するために、質を改善（保証）する考えが典型である[6]。それゆえ、各大学の内部質保証に対する考えに、上記認証機関の掲げる定義が影響を及ぼしていると考えられる。

　それでは教職課程における内部質保証の定義はどうかといえば、東京学芸大学教員養成評価開発研究プロジェクトによる次の定義が見られる。「教員養成機関が、自らの責任でその結果をもとに改善に努め、これによってその質を自ら保証すること」[7]。この定義は大学改革支援・学位授与機構の定義を教員養成機関にあてはめるものである。

　筆者も参加した大学基準協会の 2017・2018 年度文科省委託「教員の養成・採用・研修の一体的改革推進事業」の成果報告書[8]によれば、教職課程の内部質保証を従来の大学基準協会の考えられる 3 側面（大学レベル、プログラムレベル、授業レベル）に則して、大学レベル、教職課程レベル、授業レベルを捉えている。

　この側面に従えば、本来大学レベルは大学全体に関わる事項の有効性を捉えることであり、例えば各学部・研究科等による共通横断的プロセスが該当する。これを教職課程について大学レベルの視点でみれば、点検・評価項目としては、例えば教員養成の状況に関する情報公表（内容項目）とともに教職課程の運営が該当する。教職課程の運営は、具体的項目としては、教職課程の運営を掌る全学組織（例えば、教職課程センターや全学教職課程委員会）の設置・運営状況、教職課程の運営を掌る全学組織と学内の各教職課程との関係性、教職課程運営における教職協働、学修成果の測定方法の確立・運用の調整が該当する。

　また授業レベルでは授業科目の授業目標への達成状況（ラーニング・アウトカム・アセスメント）の検討、学修成果の授業内容・方法などへの反映状況が評価項目として該当する。

　ちなみに大学基準協会の 2017 年度の調査結果によると、ア．教職課程のマネジメント体制の充実と教職協働の推進の低下傾向、イ．教職課程を担う教職員を対象とした FD、SD の脆弱性（関連して教科担当教員の教職課程担当者としての自覚の問題、研究者教員と実務家教員との連携の停止など）、ウ．免許状取得率において大学の 41.3% が 10% 未満という教職課程に内在する課題[9]が見出されたのも事実である。

　それでは核心となる教職課程レベルの点検・評価項目（教学マネジメント項目）に焦点を当てると次の**表**で占める 6 つの教職課程評価基準領域、17 の項目を例示できる[10]。

　この表のなかで、今後各大学が教職課程の質向上に向けて検証すべき優先的とも考えられる項目を以下に取り上げ、先導的好事例（グッド・プラクティス）を以下に検討することにしたい。

表　教職課程レベルの内部質保証基準領域・項目

[領域 1] 教職課程の目的・目標・計画 項目 1-1　教育目標・育成を目指す教員像の実現に向けた計画の学生間、教職員間の 　　　　　共有状況 項目 1-2　学修成果の可視化 (教員育成指標等との関係性も考慮)
[領域 2] 学生 (人材) の受け入れ 項目 2-1　教職課程の目的・目標に適った熱意ある学生を受け入れるための工夫 項目 2-2　各年度履修学生数の適切性
[領域 3] 教員組織 項目 3-1　教職課程の展開に相応した教員の配置 項目 3-2　組織的な FD、SD の運用
[領域 4] 教職カリキュラムの編成・実施 項目 4-1　教育上の目的・目標等を踏まえたカリキュラム編成における「教科専門」・ 　　　　　「教科指導」・「教職専門」の各項目間系統性 項目 4-2　「教科専門」と「教科指導」に係る融合科目の設定状況 項目 4-3　「教職実践演習」の運用上、「履修カルテ」活用上の適切性 項目 4-4　教育実践における大学と教育委員会 (教育関連機関) との連携・協働
[領域 5] 学修成果の検証 項目 5-1　授業アンケートや学修ポートフォリオの実施とフィードバック 項目 5-2　採用学校側アンケートや卒業生アンケートによる教職カリキュラムの有用性 項目 5-3　学修成果の達成に向けた自己点検・評価体制の構築 項目 5-4　授業科目の授業目標の達成状況の検討 (授業レベル適用)
[領域 6] 学習支援・教職へのキャリア支援 項目 6-1　教職への学生の意欲・適性等を把握・検証 項目 6-2　教職キャリア支援体制の構築・運用 項目 6-3　教職への免許状取得者、教職への就職率を高める工夫

3．先導的グッドプラクティスのケース

　まず一つは教育実習における大学と教育委員会の連携 [領域 4] の項目 4-4 に関してである。次に。教職実践演習の運用上、履修カルテ活用の適切性 [領域 4] の項目 4-3、最後に、授業の目標 (学修成果) 達成度 (ラーニング・アウトカム・アセスメント) [領域 1] の項目 1-2 に関してである。

(1) 教育委員会と大学の連携による養成プロセス一体化―横浜市の例

①教員育成協議会の有効活用

2015年中教審答申「これからの学校教育を担う教員の資質能力の向上について」において、教員育成協議会は関連アクターとして「市町村教育委員会、域内を含め周辺の教員養成大学・学部やその他の教職課程を置く大学、関係する各学校種の代表、職能団体の代表等が、国公私立を通じて、参画でき得るものとする」[11]と示していた。

実際、教員育成協議会は教育公務員特例法上の根拠をもち、養成・採用・研修を一体的に改革する自治的機能をもつプラットフォームをして位置づけられる。ただし大学の参画状況を見ると教職支援機構の調査によれば[12]、地域で教職課程を置く大学すべてが参加する全大学参加型の協議会は12県・政令市(秋田県、山形県、茨城県、山口県、長崎県、大分県、宮崎県、仙台市、横浜市、神戸市、広島市、北九州市)であるが、とりわけ横浜市は東京、神奈川を中心に周辺地域の52大学が参加しており、しかも最も私立大学の比率が高い自治体(続いて東京都、名古屋市、広島市、神戸市)でもある。

②教育実習を核とした連携一体化

この点、筆者の訪問インタビュー(2018年11月8日)を踏まえると、横浜市はすでに2014年に協議会を立ち上げ、協議の中で教育の重要性を再確認、2015年に教育実習ワーキングを立ち上げ、教員養成に焦点を当てた、教育実習前－教育実習－教育実習後という、一体的プロセスにおける連携の強化を図っているのが画期的である[13]。

「横浜市大学連携・協働協議会」の取組の成果は、大学、教育委員会、横浜市学校間の連携体制の充実である。つまり「ア.学校体験活動の充実」、「イ.円滑な教育実習の受入」、「ウ.教育実習前の連携」、「エ.教育実習の充実」、「オ.着任に向けて」、「カ.大学との相互交流」のもとで一貫して実施する「大学とともに歩む横浜の教員養成」の推進を看取できる。

エの「教育実習の充実」を例示すると、一つは「教育実習サポートガイド」の活用により横浜市教員側が、自らも学びながら効果的に教育実習生を指導していく手立てがなされていることである。実習指導教員の教職経験は5～

10年が最多で概して若手であること、さらに初めて指導する教員が約40%であるのが実情である。もう一つは、「横浜市教育実習評価票」の活用である。統一書式を使用することで評価・評定の妥当性の向上が見込まれること、また指導内容を明確化・共通化することで指導と評価の一体化が図られ、どの学校も同水準の実習を行うことになる。この「教育実習評価票」は、「横浜市教育実習連絡カード」でも示す「教育実習を行うまでに身に付けてほしいこと」（約1年前に提示）よりもやや高次の評価項目となっている。例えば授業力はPlan、Do段階で示され、また新たに学級経営・様々な教育活動（部活動、特別活動）への取組状況が追加されている。

(2) 教職実践演習、履修カルテの運用

　兵庫教育大学の2017年度の文科省委託研究結果[14]によると、各大学（475大学対象）における資質・能力の実効化の取組として、まずeポートフォリオシステム（ポートフォリオもしくは履修カルテのコンピュータシステム）の導入について"yes"と回答した大学は37%（国立6割、公・私立3割程度）の状況であった。またeポートフォリオシステムの紙面による履修カルテの取組や運用が行われているかについては、約48%の大学が"yes"と回答するが、eポートフォリオシステムや紙面による履修カルテ等の運用を形骸化させない取組については、約30%にとどまっている状況であった。

　この点、一つの取組としてeポートフォリオシステムの内容や履修カルテの内容を大学教員が確認し、励ましや促進のコメントを行っている。しかもeポートフォリオシステムや履修カルテの記入が教職実践演習の履修要件となっており、授業担当教員は受講生の4年間の学修の振り返りと教師としての学校課題の学びへのつながりに基づき指導している（東京理科大学[15]、常葉大学、鳴門教育大学）ことは、内部質保証充実への要因ともなる。

(3) 学修成果・達成状況（ラーニング・アウトカム・アセスメント）

　上述の兵教大調査によれば、「教員養成スタンダード」や「ルーブリック」といった教員養成において養成すべき資質・能力の指標を策定しているかにつ

いて"yes"の大学は2割も満たない(16.4%)状況であった。また育成すべき資質・能力の指標と関連づけて組織的に行われているかについても約20%程度、さらに授業評価および授業改善において策定された資質・能力の指標と関連づけて組織的に取り組んでいるかについては、約12%と少ない状況であった[16]。

　この点、現在教育委員会と大学が連携し各都道府県・政令指定都市で教育育成指標を策定しており、しかも養成段階(着任時)における指標も作成されているのも特徴である(教育公務員特例法22条の3)。この教育育成指標をも考慮に入れかつ養成段階に身につけるべき指標を各大学で策定することが望まれてくる。

　筆者は養成段階(0ステージ)における育成指標の共通性・異質性の視点から全国的動向を調べた[17]が、養成段階(着任時の考え含む)において「教育に対する真摯な姿勢、求められる資質能力の基礎形成」が期待されている。全国的な教員育成指標を捉えると、求められる資質能力の項目としては大別すると一般に「ア、授業力(学習指導力)」、「イ、生徒指導力」、「ウ、教育業務遂行力(教育課題への対応を含む)」、「エ、組織運営力(チーム・セルフマネジメント力)」になる。なお、「教師としての教育的素養、人間性」については養成・現職段階(管理職も含む)について共通の指標としている自治体が多い。

　ここでは「ア、授業力(学習指導力)」、「ウ、組織運営力(チーム・セルフマネジメント力)」の育成指標指標を以下に提示するが、自治体によっては独自の指標(項目)を設定していることを理解できる。

　[授業力(学習指導力)」の育成指標]

> ア．学習指導要領・教育要領の趣旨を踏まえ、指導内容や指導方法について理解し、実践しようとする。
> イ．教科等に関する深い専門的知識、豊かな教養
> ウ．学習指導等に関する基礎的・基本的知識
> エ．発問、板書、机間巡視、教材・教具の活用、環境の構成等、基本的な指導技術を身に付けている。
> オ．学習評価の意義と方法への理解
> カ．学力向上の取組の必要性を理解している。(神戸市)
> キ．インクルーシブ教育システムの理解
> ク．カリキュラム・マネジメント、主体的・対話的で深い学びの必要性
> ケ．単元目標に応じた評価規準の設定(滋賀県)
> コ．郷土の歴史・文化への理解(群馬県・高知県)

［組織運営力（チーム・セルフマネジメント力）］

```
ア．組織の一員としての自覚と責任、コミュニケーション力（対人関係含む）
イ．家庭や地域社会の連携・協力して物事に取り組む姿勢（「共育」の考え、福岡市）
ウ．学校安全、危機管理についての基本的知識
エ．OJT の重要性を理解し、積極的に経験を積み視野を広げる（養成段階と［若手］教員
　　基礎形成期間、石川県）。
オ．社会人として守るべきルールやマナー、法令遵守（コンプライアンス）
カ．学校内外の資源（人・もの・情報・時間・資金等）の種類やその活用の目的・意義を
　　理解し、実践しようとする（横浜市）
キ．教員は絶えず研究や修養に励まなければならないことを理解している（神戸市）
ク．勤務時間を意識した働き方（高知県）
　　　他の県では校長の指導項目である「人材育成」の小項目の一つとしての「ワーク・
　　ライフバランス」の行動目標として示されている（埼玉県、山梨県、高知県、愛媛県、
　　徳島県）。
ケ．他者（メンター等）の助言を受け入れる謙虚さと誠実さをもっている（浜松市、横浜市）。
```

　この点、上記の 3 大学は、教員育成指標などを参考しつつ、独自の指標と大学の授業科目を関係づける取組として各授業科目がどの指標と関係しているのかを流れ図として示したカリキュラム・マップ、履修カルテを開発している状況にある。

4．教職課程における外部質保証（第三者評価）の可能性

　ところで 2015 年中教審答申は「大学の教職課程の第三者評価については、地域や大学の特性、学部等の専門分野ほどに応じて、将来的には様々な評価主体によって全国的に取り組まれることが期待される」[18] と提示している。同答申は障壁の存在、すなわち開放性課程のもとでの設置件数の膨大さの基礎となる免許科目分野の多様性、教育上の最終目標をどこに置くかについての各課程間の温度差を認識しつつも第三者評価の必要性を求めていると考えられる。

　この点、これまで先述の東京学芸大学の教員養成評価開発プロジェクトは試行的に教職課程の第三者評価を 8 大学（北海道教育大学釧路校、岡山大学、玉川大学、東京学芸大学、中央大学、大阪教育大学、帝京大学、立命館大学、学部は教育学部、文学部、理学部、工学部）で実施している。その成果が「教員養成評価機構」とともに他の認評評価団体等（例えば大学基準協会、全国私立大学教職課程

協会、これら 3 機関は 2018 年度文科省の質保証に関わる委託研究を実施) に継承し、拡大され、教員養成 (教職課程) 質保証システムが確立されることを予測し得る。

　これまで教職課程認定大学の実地視察や課程認定[19] が中教審教員養成部会によって行われてきたが、大学機関別認証認証評価においても認評評価機関である「大学改革支援学位授与機構」、「大学基準協会」、「日本高等評価機構」、「短期大学基準協会」が "大学の教育研究等の総合的状況" を評価する (学校教育法 109 条項) ことから、制度上、教職課程の評価が含まれている。しかし大学機関別認証評価は、大学横断的な組織活動、教育研究活動、教員組織について "学位課程を実質的な単位として評価を行ってきた" ことから、教職課程の評価はしばしば空白状況にあり、教職課程の質保証が定着しなかったのである[20]。

　このように現状でも制度上大学期間別認評評価の枠組みの中で行うことは可能であるが、やはり教職課程に視点をあてた上記の教員養成評価機構、全国私立大学教職課程連絡協会なども、第三者評価に関わることが望まれる。その際、地域別に行う場合には、教員育成協議会等の何らかの関わりも踏まえつつ、大学間ピアレビューが行われてよいであろう。

　いずれにしても内部質保証の有効性評価である第三者評価を行う際には、再課程認定後の質保証を確保していくためにも以下の点に留意する必要がある。

　まず第 1 に、被評価者である大学、評価者である機関いずれの側においても評価に伴う人的、経済的負担を最小限に抑えることができる評価の取組が必要である。確かに東京学芸大学研究プロジェクトでは 200 〜 300 万の受審料金とのことであるが、357 大学側の意識では 50 万円未満 (41%) や「負担できない」(5%) となっている[21] ことを看過できない。同様に先述の 2018 年度の全私教協の調査においても回答した 348 大学は、受審における可能な経費負担額は「20 万以下」が 61% であるのに対し、「21 万以上」が 15% に過ぎず、しかも「今の時点では答えられない」などの「その他」の回答が多い (24%) のも事実である[22]。

　この様な認識を踏まえつつ、教職課程の質保証においては、大学の自主・

自律を基本に据えた内部質保証を中心に捉えるべきであるが、その際教職課程の定期的検証の中に学外の教職課程の専門家集団の意見を反映することや教員育成協議会の場を活用するなどにより、検証プロセス、結果の客観性・妥当性を高めることが必要となる。

　他方、外部質保証については前述のどの機関によって実施されるにしても内部質保証システムに対する評価において評価観点の弾力的共通性を確保した書面評価をまず第一義的に考えるべきである。実地訪問は必要不可欠と考えると評価者側、被評価者側双方共通認識がなされる場合のみであろう。

　2018 年度全私教協調査の自由記述においても質保証としての教職課程評価の重要性は多くの大学で認識しており、一定レベルの質保証のための自己点検・評価を行うことの認識を有している。ただし、全私教協としての取り組みを歓迎しつつも、私学の個別性、独自性、多様性への配慮を望む声が強いのである。

　いずれにしても行政、大学側双方が教員養成教育としての教職課程の質向上を支援するという視点に立つことである。教職課程のグッドプラクティスである有為な取組の可視化を推奨し、大学間情報共有、協力体制による可能なメリットが得られるような"発展的評価観"が不可欠である。

むすび

　2018 年 11 月の中教審答申「2040 年に向けた高等教育のグランドデザイン」が提示するように、各大学が大学教育の成果や教学に係る取組状況を可視化しつつ、公表することは不可欠となっている。このことは教職課程（教員養成）においても同様である。アメリカ、イギリス、ドイツ、オーストラリアなどの主要国にみるように教員の資質・能力スタンダードの策定は国際的潮流となっている。しかしわが国と違い、学修成果指標とともに、資格・免許、採用、職能成長としての研修計画、教員評価のための基準として広く活用されている。

　2015 年の中教審答申「これからの学校教育を担う教員の資質能力向上について」において教職課程に焦点をあてた内部質保証とともに外部質保証（第

三者評価)の推進を提示する。ただし 2017 年度大学基準協会の調査によれば、教職課程のマネジメント体制、教職課程担当教職員対象の FD、SD の脆弱性、担当教員の自覚の問題、免許状取得状況(率)の問題が浮上している。

　2018 年度の全私教協調査においても、多くの大学が教職課程の質保証のための自己点検評価の重要性を認識する。教職課程の点検・評価項目や学修成果指標(スタンダード)を通して大学自らが自律的に質向上に取り組む必要がある。今後教職課程に焦点をあてた外部質保証においては、大学の個別性、多様性に配慮するとともに、グッドプラクティスを顕出できるようなポジティブな評価姿勢が肝要である。

注

1　中央教育審議会答申「2040 年に向けた高等教育のグランドデザイン」2018 年 11 月 26 日、p.29。
2　中央教育審議会答申「学士課程教育の構築に向けて」2008 年 12 月 24 日。
3　前掲注 1 の 2018 年答申に添付された「用語解説」、p.9 に基づく。
4　諸外国の教員養成スタンダードについては、国立教育政策研究所『諸外国の教員養成における教員の資質・能力スタンダード』(平成 29 年度プロジェクト研究調査研究報告書)、2018 年 3 月を参照している。細部についてはアメリカ佐藤仁氏、イギリス植田みどり氏、ドイツ坂野慎二氏、オーストラリア青木麻衣子氏、フィンランド渡邊あや氏の論稿を参照されたい。また佐藤仁「教員養成の質保証政策の意味─諸外国の動向を踏まえて」『教育制度学研究』25 号、2018 年、pp.37-53。
5　アメリカの校長・教育長職のスタンダードの特徴については八尾坂修「アメリカにおける校長・教育長免許・養成政策の新たな展開に関する一考察」アメリカ教育学会『アメリカ教育研究』28 号、2018 年、pp.3-18。
6　内部質保証の定義や各大学の内部質保証に対する捉え方についての調査結果は、大学基準協会『内部質保ハンドブック』2015 年、pp.15-22。
7　国立大学法人東京学芸大学教員養成評価開発研究プロジェクト『2014 年～2016 年度日本型教員養成教育アクレディテーション・システムの開発研究報告書』2017 年、p.254。
8　以下の記述は公益財団法人大学基準協会『教職課程における質保証・向上に係る取組の調査研究報告書』2018 年 3 月、研究部会長早田幸政氏の論稿(特に pp.19 8-217)を参照している。
9　同上、pp.17-121 のアンケート調査結果に基づく。

10　筆者作成の表は、同上 2017 年度の調査研究報告書、および前掲注 7 の報告書の質保証項目を参考にして作成している。

11　中央教育審議会答申「これからの学校教育を担う教員の資質能力向上について〜学び合い、高め合う教員育成コミュニティの構築に向けて〜」2015 年 12 月 21 日、p.35。

12　連携大学名は教職員支援機構「平成 29 年度公立の小学校等の校長及び教員としての資質の向上に関する指標策定に関するアンケート調査結果（第 4 回）」2018 年 5 月 17 日に基づく。

13　八尾坂修「教育委員会と大学の連携による教員養成の質向上方策」『Synapse』、vol.66、2019 年 1 月、pp.30-37。高見暁子「大学と地方教育行政の連携・協働による教員養成・育成のあり方に関する一考察―横浜市の取組事例を参考に―」『日本教育行政学会年報』、No. 43、2017 年、pp.24-43。

14　兵庫教育大学『教職課程における質保証・向上に係る取組の調査研究報告書』2018 年 3 月、pp.3-42、pp.63-66 に基づく。

15　東京理科大学教職教育センター 「教員養成の目標と計画」2018 年。

16　前掲注 14 の調査研究報告書、pp.63-66。

17　八尾坂修「全国的な教員育成指標の同質性・異質性―養成段階を踏まえて―」一般社団法人全国私立大学教職課程協会第 38 回大会、2018 年 5 月 20 日（会場酪農学園大学) 発表資料に基づく。

18　前掲注 11 の 2015 年中教審答申、p.35。

19　教職課程認定大学の実地視察の状況は、八尾坂修「教職課程認定・実地視察の機能 - 教員養成の質保証をめざす」『日本教育経営学会紀要』55 号、2013 年、pp. 27-38。

20　前掲注 8 の大学基準協会調査研究報告書、p.211。

21　前掲注 7 の東京学芸大学研究報告書、p.79-80。

22　一般社団法人全国私立大学教職課程協会『私立大学における教職課程質保証評価に関する基礎的研究』2019 年 3 月、p.74 に基づく。

124

Ⅴ　書　評

ミーケ・ルーネンベルク、ユリエン・デンヘリンク、フレット・
Ａ・Ｊ・コルトハーヘン；武田信子・山辺恵理子監訳、入澤充・森
山賢一訳『専門職としての教師教育者―教師を育てるひとの役割、
行動と成長―』（玉川大学出版部、2017 年）

山﨑保寿（松本大学教職センター）

　本書は、教師教育者（Teacher Educator）とその専門性開発についての 20 年に
及ぶ国際的な動向をまとめた先行研究レビューである。海外の先行研究レ
ビューを翻訳出版することは希であると思われるが、そこには、「教師教育
者の専門性開発」の必要性がいまだ切実になっていない我が国の現状に対し
て、「本書の翻訳出版によって、一気に日本の教師教育者研究への関心が高
まり進展が加速する」との確信が、訳者である入澤充氏、武田信子氏らに共
有されたからである。

　本書の先行研究レビューは、NOW（オランダ科学研究機構）からの補助金
で実施され、2014 年に原著が出版されたものである。著者の一人フレット
・Ａ・Ｊ・コルトハーヘンは、『教師教育学―理論と実践をつなぐリアリスティッ
ク・アプローチ―』（武田信子監訳、学文社、2010）などで知られている。なお、
訳者あとがきによれば、同書で、Teacher Educator という用語が始めて武田
氏により教師教育者と訳されている。

　本書の目的は、教師教育者の専門職としての役割、それに伴う専門職とし
ての行動、そしてこれらの役割と行動に関する専門性開発について、先行研
究で明らかにされてきたことをリサーチ・クエスチョンを設定して検討し、
明確な全体像を提示することである。本書では、研究の核心となる教師教
育者という用語を次のように定義している。「専門性開発を支援する目的で、
教師（を目指す者）を教えたりコーチングしたりするすべての者」であり、「教
師教育機関や学校において、教職課程の学生、経験の浅い教師、現職の教師
を教え、支援することに責任を負っているすべての者が含まれる」としてい
る。教師教育者という概念を詳細な先行研究レビューという形によって整理

し明確化したことは、本書の大きな成果であるといえよう。本書の構成は次
の通りである。

第1章　序論―なぜ本書なのか

1.1 現状と背景

1.2 本研究の目的とリサーチ・クエスチョン

1.3 本研究の妥当性

1.4 その他の開発に対する本書の実際的な関連と関係性

第2章　概念的枠組み

2.1 教師教育者　　　　2.2 専門職としての役割

2.3 専門職としての行動　2.4 重要な特性

第3章　研究方法

3.1 8つのステップ

3.2 最終的なデータベース

第4章　研究結果―教師教育者という専門職の特性

4.1 6つの役割　　　　4.2 教師の教師

4.3 研究者　　　　　　4.4 コーチ

4.5 カリキュラム開発者　4.6 ゲートキーパー

4.7 仲介者

第5章　結論と考察―研究と実践への提案

5.1 要約と結論　　　　5.2 リフレクション

5.3 提言

第6章　オランダの場合―教師教育者という専門職の質の向上

6.1 導入

6.2 専門職スタンダードと登録プロセス

6.3 教師教育者の知識基盤

6.4 教師教育者を対象としたプログラム

6.5 オランダの教師教育者養成の未来

訳注　訳者あとがき

付録―選出された先行研究とその概要

　本レビューでは、検索エンジンを用いてヒットした 1260 本の論文を逐一検討して 405 本に絞り、最終的に 137 本の論文のデータベースが作成された。そのとき用いられた方法が、先行研究レビュー作成の方法として参考になると思われるので、リサーチ・クエスチョンと 8 つのステップについて、概略を紹介する。

　まず、この先行研究レビューは、次の 3 つのリサーチ・クエスチョンによって方向づけられている。

1. 教師教育者の専門職としての役割はどのようなものか。
2. 教師教育者の専門職としての役割と、それに伴う行動を決定づける重要な特性とは何か。
3. 教師教育者の専門職としての役割と、それに伴う行動に関する専門性開発を決定づける重要な特性とは何か。

　これらのリサーチ・クエスチョンに基づき、本書では、J・ランドルフによる質的文献研究のための方法論の枠組に準拠した 8 つのステップを踏んでいる。

1. 時系列に沿った記録を作成する。
2. レビューの焦点を明確にする。
3. 関連文献を探す。
4. 文献を分類する。
5. 文献の概要のデータベースを作成する。
6. 教師教育の構成要素とそれらの因果関係を仮説的に特定する。
7. 対立する研究結果や異なる解釈の有無を調査する。
8. 結論を裏付けるために、同じ分野の専門家や資料提供者に協力を求める。

　以上 8 つのステップの中でも、ステップ 6 でとられた方法が特徴的である。ステップ 6 では、データベースの文献に対して、グランテッド・セオリー・アプローチを用い、帰納的な分析を行っている。このアプローチがとられたのは、上記のリサーチ・クエスチョンに応用できる既存の準拠枠がなかったからである。ステップ 6 の手順は、リサーチ・クエスチョンに沿い、およそ次のように進められている。

　まず、リサーチ・クエスチョン 1 については、各文献の中で何が教師教育者の専門職としての「役割」とみなされているかを調べている。その結果、専門職としての役割が 6 つに分類されている。この過程では、50 本ほどの論文を分析したあたりで、もうこれ以上新しい役割は出てこないことがはっきりし、概念的飽和に達したと判断されている。

　次に、リサーチ・クエスチョン 2 については、6 つの役割とそれに伴う行動のそれぞれについて、それらを決定づけている「重要な特性」を分析している。その際、ある特性について基本的に複数の研究が言及している場合に、それを役割もしくは行動の重要な特性として抽出している。

　さらに、リサーチ・クエスチョン 3 についても、それぞれの役割と行動の「専門性開発」に役立つ特性の分析をリサーチ・クエスチョン 2 と同じ手順で行っている。

　このようにして導き出された教師教育者の 6 つの役割が、第 4 章で詳述されている「教師の教師」、「研究者」、「コーチ (指導員)」、「カリキュラム開発者」、「ゲートキーパー (門番)」、「仲介者」である。ここで、ゲートキーパーとは、「教師教育のアドミッションや教員養成課程の途中など、実際に教壇に立つ前の段階で、志望者を教師という職につけてよいかどうか判断する人という意味」(訳注による) である。

　なお、6 つの役割のうち、「カリキュラム開発者」については、その専門性開発に関する先行研究が見られないことが明らかにされており、今後における研究課題の所在が示唆される。

　現在、我が国では、教員育成指標の開発とそれに基づく研修体系化が整いつつあるが、そこに携わる研究者、指導者の役割に、教師教育者という概念が付与されることで、我が国の教師教育およびその研究がさらに進展していくことが期待できる。本書は、教師教育者の概念に関する理論整理にも貢献した書であるといえる。訳者および監訳者らのご努力に心から感謝したい。

Ⅴ　書　評

神林寿幸著『公立小・中学校教員の業務負担』(大学教育出版)

高木　亮(就実大学)

　「求められる教員像」として教員には愛情や献身といった聖職性が求められ、能力や技能といった専門性も必要である。しかし、これらの理想や建前とともに過酷な現実を生き残る耐久力と給与・雇用安定性に加えて学校が「ブラック企業」となり果てないための労働者的配慮も必要である。矛盾しそうな聖職性と専門性と労働者性の3つを両立する必要を本書は投げかけている。

　1990年ごろより公刊統計『公立学校教職員人事行政調査』において教員の精神疾患による病気休職者数の急増が認識されている。例年12月に新聞報道でも取り上げられるこの統計は世間にすら教員が同情される雰囲気を作っている。このような状況や社会的な認識を背景に教員ストレス研究はこの20年最も大きい教員対象調査の一つとなった。なお、ほとんどの教員ストレス研究はリッカート法による教員の主観的データ(ソフトデータ)に依存している。

　平成18(2006)年に『教員勤務実態調査』(以下『平成18年調査』)として教員の労働時間調査つまり客観性の強い基礎的データ(ハードデータ)収集が始まった。『平成18年調査』は大規模な調査なので莫大な分析がなされた。しかし、どんなに多忙であっても1日は24時間であるし、『平成18年調査』は持ち帰り仕事をはじめとして測定していないデータも多い。『平成18年調査』単体で過剰な読み込みをすることは難しい。この結果をして「教員の勤務時間の負担が増えている」とする意見が示されることもあるが、『平成18年調査』が教員の勤務時間に関する全国的で各学校種を包括した大規模な初の公刊統計収集であった以上、「勤務時間が増えた(減った)」をこの調査単体で判定することはできない。そもそもハードデータ(経済学では「ファンダメンタル指標」

などとも呼ばれる公共の指標になる調査の意味も持つ) は定期的な測定蓄積による
時系列比較が有効である。また、他のデータ (できれば主観的と客観的データそ
れぞれ) とあわせて分析することで本格的な議論が可能となる。さらに国際
比較を通して我が国の課題を相対的に検討することなどができれば大きな意
義を有するであろう。

　このような教科書的理想を果たした分析は「30 年先になるだろう」と評者
(高木) は想像していた。10 年を経ずにこれらの分析を達成したのが本書であ
る。本書の構成を確認しておこう。

序章　公立小・中学校教員に負担をもたらす業務は何か？
第 I 部　教員の業務負担変容に関する実証
第 1 章　教員の時間的負担変容に関する実証
第 2 章　教員の心理的負担増大をもたらした指導環境の変容
第 3 章　教育改革による教員業務負担増大の再検証― 学校選択制導入校
　　と未導入校の比較分析―
第 II 部　今日の教員の業務負担の規定要因に関する実証
第 4 章　教員に心理的負担をもたらす業務の探索
第 5 章　教員の業務負担に関する国際比較分析― TALIS2013 を使用して―
終章　生徒指導がもたらす公立小・中学校教員の業務負担

　経年比較については昭和 25 年を最古とする 14 の中・小規模教員労働時間
調査のメタ分析で検証がなされている (第 1 章)。一般線形モデルという先端
分析手法を使いこなしたことと、古文書のようなものも含めて過去の労働時
間調査を丁寧に掘り起こしデータ入力を果たした筆者の努力の成果である。
勤務時間と他の変数の検討については階層線形モデル (いわゆるマルチレベル
分析) により都道府県・各学校・個人レベルで勤務時間を原因に心理的負荷
を結果としたモデル分析がなされ、モデル検証と影響差が生む属性の列挙に
成功している(第 4 章)。国際比較については教員勤務実態調査や『TALIS2013』
(OECD 国際教員指導環境調査 2013 年調査) などの公刊統計の数量分析を行って

いるが、その成果は簡単にまとめることができないほど革新的な指摘の連続であり是非直接第5章を確認してもらいたい。この他にも先述の精神疾患による病気休職発生率の算出の上で他の公刊統計と合わせたパネルデータ分析（第2章）や学校選択制導入校とそれ以外の学校の勤務時間・心理的負荷に大きな差がないとする分析成果（第3章）も示されている。評者が列挙した3つの「30年はかかる公刊統計（ハードデータ）の分析課題」という予測は先端の統計分析というハイテクの進化とともに気の遠くなるような基礎データの収集・整理というローテク作業を積み上げていった筆者のハイ・ロー・ミックスにより破られた。評者のような古い世代の研究者の「常識」が若い世代に乗り越えられたという知的な刺激と世代交代の実感を本書により味わわせてもらうことができた。これだけの成果を挙げる筆者の世代を「ゆとり世代」などと呼んだ人は「次世代ほど恐るべき者はない」と猛省してもらいたいと思う。

　一方で本書の結論は教員養成校教員として頭を抱える指摘ばかりである。今まで、評者をはじめとした研究者の多くは教員の主観に尋ねるというソフトデータの分析から「やりがいのない多忙化」を指摘してきた。これは"教員の周辺的な職務負担が子供に関わる中核職務を侵害し、これが多忙とストレスの原因"だから"周辺的な職務の効率化・合理化で多忙・ストレス解消と中核職務遂行は両立可能"との論である。しかし、この論自体が成立しないことを筆者は本書各章のハードデータの分析で繰り返し証明した。筆者は教員の労働時間増も心理的負荷も主たる構成要素は教員の職務の中核というべき生徒指導等の中身より構成されることを各章で確認している。今後、特別支援やソーシャルワークなどあたらしい生徒指導的な教員中核職務にあたる課題の増加見通しは目白押しで、筆者は「業務負担が増大する」（206頁）と断言する。これは我が国の教員が国際比較の上でも「授業外業務重視型」と第5章で名付けられたような性質からも理解ができる。授業外にも専門性を強く置き、敢えて多忙を担う聖職性が我が国教員である。

　考えてみれば東日本大震災以降、災害により学校と教職員が子供だけでなく地域の生死を分ける社会基盤であることが思い知らされた。この中で教員

は自衛官や消防官、警察官らと同様に災害時や危機管理問題(特に生徒指導)のさなかにおいては労働安全衛生法や国際的に「非常識」ともいえる労働負荷を国民としてお願いせずにはいられない職種なのではないかと評者は考える。誠に遺憾ながら避けえない多忙やストレスを学校と教職員に覚悟してもらわないといけないのではないかと評者は感じる。そんな専門性と聖職性に加えて、やはり必要な労働者性の両立を考えることが、これからの教員養成を担う教員・研究者の宿題であるように評者は考えた。

『教師教育研究』投稿規程

2018 年 9 月 15 日改訂
一般社団法人全国私立大学教職課程協会
編集委員会

『教師教育研究』に「学術論文」・「実践交流記録」・「調査報告」（以下「論文等」）を投稿する者は、以下の規程によるものとする。

1. 投稿資格を有する者は、原則として一般社団法人全国私立大学教職課程協会（以下「本協会」）の会員校に勤務する教職員である。但し、研究大会分科会における報告者の場合、この限りではない。

2. 論文等のテーマは、教師教育研究に関するものであること。教師教育に関する理論及び実践を対象にするものである。

3. 論文等は未発表のもので、かつ、内容がオリジナルであること。但し、本協会研究大会を始めとする内外の研究会等での口頭発表及びその配布資料はこの限りではないが、そのことを論文中に明記しなければならない。

4. 論文等の区分は次の 3 種とする。

① 「研究論文」は、編集委員会の別に定める複数の査読者が一致して、教師教育研究に関するオリジナリティの高い論文であると認めるものをいう。なお、査読の内容・方法等は別に定める。本協会研究大会等での報告を基盤とした開放制教員養成の発展に寄与する研究・学術論文が期待される。

② 「実践交流記録」は、本協会研究大会での分科会または研究委員会における発表・報告を当日の議論の状況も踏まえて論文（記録）としたものをいう。査読は行わないが、編集委員会より原稿の改善等を求める場合がある。

③ 「調査報告」は分科会発表の内容が、より調査的手法を用いた分析となっており、著者がこの区分を希望するもの及び研究委員会における

　調査研究の結果を報告するものをいう。査読は行わないが、編集委員
　会より原稿の改善等を求める場合がある。
　　なお、②「実践交流記録」、③「調査報告」として投稿された原稿が、
　掲載に見合う内容・水準ではない場合、投稿者と連絡の上、掲載を行
　わないか延期することがある。

5. 査読を行って掲載した「研究論文」は、論文中にこれを明記するとともに、
　編集上の注記を付すこととする。

6. 原稿の提出は、毎年 9 月末日を締切とする。【特例として 2018 年度は 10
　月末日とする】

7. 原稿は横書きとし、原稿の文字数は、本文（図・表を含む）と注記、引用文献・
　参考文献を含めて、次の通りとする。

　1) 分量
　・ワープロ【ワードを基本】を用いる：A4（40 字× 30 行）を厳守し、①は
　　15 枚程度。②③は 10 枚程度とする。ワープロ以外、手書き等の場合、
　　予め編集委員会に申し出ること。

　2) 注記、引用文献は、本文末尾に一括して記載すること。参考文献は、
　　必要があれば注記、引用文献の後に列挙すること。

　3) 図・表は、本文とは別ファイルにして、本文中には挿入箇所のみを
　　記載すること。図・表は、本誌の体裁に合わせて文字換算し、規程字
　　数に含むものとする。なお、図・表の作成にあたり、経費の一部を執
　　筆者に負担をお願いすることがある。

　4) 原稿ファイルの最初の頁に、原稿区分を 1 種類記入（上記 4 の①②③の
　　いずれかひとつ、但し査読結果から①ではなく②ないし③として掲載希望す
　　る場合その旨を記入のこと）タイトル、英文タイトル、氏名、英文表記
　　氏名、所属機関名、連絡先（郵便番号、住所、電話番号、メールアドレス）
　　を記載すること。

8. 原稿として完成したワープロ【ワードを基本】ファイルをメール添付に
　より送付する。PDF にはしないこと。なお、必要により、ワープロファ
　イルのほかに PDF を添付することは差支えない。2018 年度 -2019 年度

の送付先は、次の通りとする。

・**送付先**：送付用メールアドレス k_takizawa@mail.tais.ac.jp（k の次、アンダーバーに注意）

編集幹事滝沢和彦（大正大学文学部教授）あて、件名を「2018 年度「教師教育研究」原稿氏名○○○○」として送付。なお、原稿投稿に当たって質問等がある場合、編集幹事あて必ずメールにて行うこと。

9. 校正は初校を著者が行い、原則として再校以降は編集委員会において行う。

10. 送付物はこれを返却しない。

2018 年 9 月 15 日

編集委員会幹事打ち合わせにおいて従来の「投稿規程」の改訂を決定

一般社団法人 全国私立大学教職課程協会　2018 年度（第 32 号担当）編集委員会

役 職・地 区	大 学	氏 名
編集委員会委員長	開智国際大学	八尾坂　修
委員長代行（関東）	清泉女子大学	吉岡　昌紀
副委員長（東北）	富士大学	佐々木　義孝
副委員長（阪神）	四天王寺大学	八木　成和
委員（北海道）	藤女子大学	大矢　一人
委員（東海・北陸）	椙山女学園大学	坂本　徳弥
委員（京都）	佛教大学	小林　隆
委員（中国・四国）	就実大学	渡邉　言美
委員（九州）	九州国際大学	楊　川
編集幹事（関東）	大正大学	滝沢　和彦

編集後記

『教師教育研究』第 32 号をお届けいたします。本紀要はお蔭様で 32 年間継続しており、教師教育における理論及び実践に貢献してきました。2016 年 5 月の一般社団法人化後の第 3 号ということになります。しかも本紀要は新たに (株) 東信堂から市販書として刊行することにいたしました。研究成果をより広く発信することが可能となりました。東信堂の下田勝司社長のご協力に感謝の意を表します。

また今期から新たな投稿規程を設け、『教師教育研究』の論文等の区分として、査読付きの「研究論文」とともに、「実践交流記録」「調査報告」を 3 区分といたしました。その結果本号は「研究論文」2 編、「実践交流記録」6 編、「調査報告」1 編を掲載することができました。ほかに、大学の教員養成をめぐる今日的課題を踏まえた論考 1 点及び書評 2 点を掲載しております。

これらの「研究論文」「実践交流記録」「調査報告」は主に 2018 年度の一般社団法人全国私立大学教職課程協会研究大会 (2018 年 5 月 19 日〜 20 日、酪農学園大学) における分科会や研究委員会での貴重なご発表をもとに掲載されております。ご投稿くださった皆様方に感謝申し上げます。

近年、教職課程をめぐる質保証のあり方、教職キャリアにおける資質能力向上の方策など、教員養成、採用、研修を取り巻く環境が大きく変化しつつあります。全国私立大学教職課程協会の会員校の皆様が新たな時代の教員養成の発展に向けて、積極的に研究交流や情報提供に努めていくことが一層重要となっております。本紀要の充実に向け、ご意見・ご要望をいただければと存じます。

最後に、査読や書評の選定等にあたられた編集委員の方、また本紀要編集過程においてご尽力下さった田子健全私教協専務理事、また編集幹事として適確に務めてくださった滝沢和彦常任理事に感謝申し上げます。皆様のお力添えなしには本紀要を刊行することはできませんでした。大変ありがとうございます。

2019 年 9 月 10 日　『教師教育研究』第 32 号編集委員会委員長

八尾坂　修

ISSN 0915-3357

教師教育研究　32 号

2020年 1 月20日　初　版　第 1 刷発行

編集・発行　一般社団法人　全国私立大学教職課程協会編集委員会

発　売　元　株式会社　東信堂

印刷・製本　中央精版印刷

一般社団法人　全国私立大学教職課程協会
本部　玉川大学教師教育リサーチセンター内
〒194-0392　東京都町田市玉川学園 6-1-1
事務局　東京薬科大学生命科学部内
〒192-0392　東京都八王子市堀之内 1432-1
TEL & FAX　042-676-5634
Email　info@zenshikyo.org
協会 HP　http://www.zenshikyo.org/

株式会社 東信堂
〒113-0023　東京都文京区向丘 1-20-6
TEL　03-3818-5521
FAX　03-3818-5541
Email　tk203444@fsinet.or.jp
東信堂 HP　http://www.toshindo-pub.com/

ISBN978-4-7989-1612-5　C3037

東信堂

教師教育研究32　全国私立大学教職課程協会編集委員会編　　二三〇〇円

いま、教育と教育学を問い直す
——教育哲学は何を究明し、何を展望するか　　森田尚人・松浦良充　編著　　三三〇〇円

教育的関係の解釈学　　坂越正樹監修　　三三〇〇円

教員養成を哲学する——教育哲学に何ができるか　　下司晶・古屋恵太・林泰成・山名淳　編著　　四二〇〇円

大学教育の臨床的研究——臨床的人間形成論第1部　　田中毎実　　二八〇〇円

臨床的人間形成論の構築——臨床的人間形成論第2部　　田中毎実　　二八〇〇円

人格形成概念の誕生——近代アメリカの教育概念史　　田中智志　　三六〇〇円

社会性概念の構築——アメリカ進歩主義教育の概念史　　田中智志　　三八〇〇円

空間と時間の教育史——アメリカの学校建築と授業時間割からみる教育における個性尊重は何を意味してきたか　　宮本健市郎　　三九〇〇円

アメリカ進歩主義教授理論の形成過程——書き換えられた教育の原理　　宮本健市郎　　七〇〇〇円

ネオリベラル期教育の思想と構造　　福田誠治　　六三〇〇円

マナーと作法の社会学　　加野芳正編著　　二四〇〇円

マナーと作法の人間学　　矢野智司編著　　二〇〇〇円

学びを支える活動へ——存在論の深みから　　田中智志編著　　二〇〇〇円

グローバルな学びへ——協同と刷新の教育　　田中智志編著　　二〇〇〇円

応答する〈生〉のために——〈力の開発〉から〈生きる喜び〉へ　　高橋勝　　一八〇〇円

子どもが生きられる空間——生・経験・意味生成　　高橋勝　　二四〇〇円

流動する生の自己生成——教育人間学の視界　　高橋勝　　二四〇〇円

子ども・若者の自己形成空間——教育人間学の視線から　　高橋勝編著　　二七〇〇円

アメリカ　間違いがまかり通っている時代　　D・ラヴィッチ著　末藤美津子訳　　三八〇〇円

教育による社会的正義の実現——アメリカの挑戦　　D・ラヴィッチ著　末藤美津子訳　　五六〇〇円

学校改革抗争の100年——20世紀アメリカ教育史　　D・ラヴィッチ著　末藤・宮本・佐藤訳　　六四〇〇円

アメリカ公立学校の社会史——コモンスクールからNCLB法まで　　W・J・リース著　小川佳万・浅沼茂監訳　　四六〇〇円

〒113-0023　東京都文京区向丘1-20-6　TEL 03-3818-5521　FAX03-3818-5514　振替 00110-6-37828
Email tk203444@fsinet.or.jp　URL:http://www.toshindo-pub.com/
※定価：表示価格（本体）＋税

東信堂

附属新潟中式「主体的・対話的で深い学び」をデザインする「学びの再構成」 新潟大学教育学部／附属新潟中学校研究会 編著 二三〇〇円
附属新潟中式「3つの重点」を生かした確かな学びを促す授業 新潟大学教育学部／附属新潟中学校 編著 二〇〇〇円
　――教科独自の眼鏡を育むことが「主体的・対話的で深い学び」の鍵となる！

主体的・対話的で深い学びの環境とICT 久保田賢一／今野貴之 編著 二三〇〇円
主体的・アクティブ・ラーニングによる資質・能力の育成 田中正浩監修 二〇〇〇円
児童の教育と支援――学びをみつめる 塚田・ウィルソン著 二〇〇〇円
「主体的学び」につなげる評価と学習方法 S・ヤング＆R・ウィルソン著／土持ゲーリー法一監訳 一〇〇〇円
　――カナダで実践される―CEモデル

主体的学び 創刊号 主体的学び研究所編 一八〇〇円
主体的学び 2号 主体的学び研究所編 一六〇〇円
主体的学び 3号 主体的学び研究所編 一六〇〇円
主体的学び 4号 主体的学び研究所編 二〇〇〇円
主体的学び 5号 主体的学び研究所編 一八〇〇円
主体的学び 6号 主体的学び研究所編 一八〇〇円
主体的学び 別冊 高大接続改革 主体的学び研究所編 一八〇〇円

現代アメリカの教育アセスメント行政の展開 北野秋男編 四八〇〇円
　――マサチューセッツ州（MCASテスト）を中心に
アメリカ公民教育におけるサービス・ラーニング 唐木清志 四六〇〇円
［増補版］現代アメリカにおける学力形成論の展開 石井英真 四六〇〇円
　――スタンダードに基づくカリキュラムの設計
ハーバード・プロジェクト・ゼロの芸術認知理論とその実践 池内慈朗 六五〇〇円
　――内なる知性とクリエイティビティを育むハワード・ガードナーの教育戦略
アメリカにおける学校認証評価の現代的展開 浜田博文編著 二八〇〇円
アメリカにおける多文化的歴史カリキュラム 桐谷正信 三六〇〇円
現代教育制度改革への提言 上・下 日本教育制度学会編 各三八〇〇円
日本の教育をどうデザインするか 上田学編著 二八〇〇円
　　　　　 上田学／村田翼夫／岩槻知也 編著
現代日本の教育課題 村田翼夫／上田学 編著 二八〇〇円
　――二一世紀の方向性を探る
バイリンガルテキスト現代日本の教育 山口満／村田翼夫 編著 三八〇〇円
社会形成力育成カリキュラムの研究 西村公孝 六五〇〇円
社会科は「不確実性」で活性化する 吉永潤 二四〇〇円
　――未来を開くコミュニケーション型授業の提案

〒113-0023　東京都文京区向丘1-20-6　　TEL 03-3818-5521　FAX03-3818-5514　振替 00110-6-37828
Email tk203444@fsinet.or.jp　URL:http://www.toshindo-pub.com/
※定価：表示価格（本体）＋税

東信堂

学びと成長の講話シリーズ

① アクティブラーニング型授業の基本形と生徒の身体性 溝上慎一 一六〇〇円
② 学習とパーソナリティ——「あの子はおとなしいけど成績は いいんですよね」をどう見るか 溝上慎一 一六〇〇円

大学生白書2018——今の大学教育では学生を変えられない 溝上慎一 二八〇〇円

アクティブラーニングと教授学習パラダイムの転換 溝上慎一 二四〇〇円

グローバル社会における日本の大学教育——全国大学調査からみえてきた現状と課題 溝上慎一編 三八〇〇円

大学のアクティブラーニング 河合塾編著 三二〇〇円

「学び」の質を保証するアクティブラーニング——3年間の全国大学調査から 河合塾編著 二〇〇〇円

「深い学び」につながるアクティブラーニング——全国大学の学科調査報告とカリキュラム設計の課題 河合塾編著 二八〇〇円

アクティブラーニングでなぜ学生が成長するのか——経済系・工学系の全国大学調査からみえてきたこと 河合塾編著 二八〇〇円

社会に通用する持続可能なアクティブラーニング——ICEモデルが大学と社会をつなぐ 土持ゲーリー法一 二〇〇〇円

ポートフォリオが日本の大学を変える——ティーチング/ラーニング/アカデミック・ポートフォリオの活用 土持ゲーリー法一 二五〇〇円

ティーチング・ポートフォリオ——授業改善の秘訣 土持ゲーリー法一 二〇〇〇円

ラーニング・ポートフォリオ——学習改善の秘訣 土持ゲーリー法一 二五〇〇円

---

① アクティブラーニングの技法・授業デザイン 安永悟編 一六〇〇円
② アクティブラーニングとしてのPBLと探究的な学習 溝上慎一・成田秀夫編 一八〇〇円
③ アクティブラーニングの評価 井上慎一・成田秀夫編 一六〇〇円
④ 高等学校におけるアクティブラーニング:理論編（改訂版） 石井英真・溝上慎一編 一六〇〇円
⑤ 高等学校におけるアクティブラーニング:事例編 溝上慎一編 二〇〇〇円
⑥ アクティブラーニングをどう始めるか 成田秀夫 一六〇〇円
⑦ 失敗事例から学ぶ大学でのアクティブラーニング 亀倉正彦 一六〇〇円

〒113-0023　東京都文京区向丘1-20-6　TEL 03-3818-5521　FAX03-3818-5514　振替 00110-6-37828
Email tk203444@fsinet.or.jp　URL:http://www.toshindo-pub.com/

※定価：表示価格（本体）＋税

東信堂

才能教育の国際比較　山内乾史編著　三五〇〇円

学生エリート養成プログラム　北垣郁雄編著　三六〇〇円

韓国の才能教育制度
──日本、アメリカ、中国
──その構造と機能　石川裕之　三八〇〇円

トランスナショナル高等教育の国際比較──留学概念の転換
チュートリアルの伝播と変容　杉本 均編著　二〇〇〇円
──イギリスからオーストラリアの大学へ

[新版]オーストラリア・ニュージーランドの教育　青木麻衣子　二〇〇〇円
──グローバル社会を生き抜く力の育成に向けて　佐藤博志 編著

戦後オーストラリアの高等教育改革研究　竹腰千絵　二八〇〇円

オーストラリアのグローバル教育の理論と実践　木村 裕　三六〇〇円
開発教育研究の継承と新たな展開

オーストラリアの教員養成とグローバリズム　杉本和弘　五八〇〇円
──多様性と公平性の保証に向けて

オーストラリア学校経営改革の研究　本柳とみ子　三六〇〇円
自律的学校経営とアカウンタビリティ　佐藤博志　三八〇〇円

オーストラリアの言語教育政策
多文化主義における「多様性と」「統一性」の揺らぎと共存　青木麻衣子　三八〇〇円

英国の教育　日英教育学会編　三四〇〇円

イギリスの大学──対位線の転移による質的転換　秦 由美子　二八〇〇円

統一ドイツ教育の多様性と質保証　坂野慎二　五八〇〇円
──日本への示唆

ドイツ統一・EU統合とグローバリズム　木戸 裕　六〇〇〇円
教育の視点からみたその軌跡と課題

教育における国家原理と市場原理　斉藤泰雄　三八〇〇円
──チリ現代教育史に関する研究

中央アジアの教育とグローバリズム　嶺井明子編著　三二〇〇円
川野辺敏

インドの無認可学校研究　小原優貴　三二〇〇円
──公教育を支える「影の制度」

タイの人権教育政策の理論と実践　馬場智子　二八〇〇円
──人権と伝統的多様な文化との関係

バングラデシュ農村の初等教育制度受容　日下部達哉　三六〇〇円

マレーシア青年期女性の進路形成　鴨川明子　四七〇〇円

東アジアにおける留学生移動のパラダイム転換　嶋内佐絵　三六〇〇円
──大学国際化と「英語プログラム」の日韓比較

〒113-0023　東京都文京区向丘1-20-6　TEL 03-3818-5521　FAX03-3818-5514　振替 00110-6-37828
Email tk203444@fsinet.or.jp　URL:http://www.toshindo-pub.com/

※定価：表示価格（本体）＋税

東信堂

- 大学の組織とガバナンス——高等教育研究論集第1巻　羽田貴史編著　三五〇〇円
- 2040年 大学よ甦れ——カギは自律的改革と創造的連帯にある　田原博人・佐藤博明著　二四〇〇円
- 検証 国立大学法人化と大学の責任——その制定過程と大学自立への構想　田中弘允・佐藤博明・田原博人著　三七〇〇円
- 2040年 大学教育の展望——21世紀型学習成果をベースに　山田礼子著　二八〇〇円
- 高等教育の質とその評価——日本と世界　山田礼子編著　二八〇〇円
- 国立大学職員の人事システム——管理職への昇進と能力開発　渡辺恵子　四二〇〇円
- 国立大学法人の形成　大崎仁　二六〇〇円
- 大学は社会の希望か——大学改革の実態からその先を読む　天野郁夫　三六〇〇円
- 大学の管理運営改革——日本の行方と諸外国の動向　江原武一編著　杉本均編著　三六〇〇円
- 学長リーダーシップの条件　両角亜希子編著　三六〇〇円
- 大学経営・政策入門　東京大学 大学経営・政策コース編　二六〇〇円
- 大学戦略経営とマネジメント　新藤豊久編　二四〇〇円
- 大学戦略経営の核心　篠田道夫　二五〇〇円
- 戦略経営III 大学事例集　篠田道夫　三六〇〇円
- 大学戦略経営論　篠田道夫　三六〇〇円
- 中長期計画の実質化によるマネジメント改革　篠田道夫　三四〇〇円
- カレッジ（アン）バウンド——米国高等教育の現状と近未来のパノラマ　J・J・セリンゴ著 船守美穂訳　三四〇〇円
- 米国高等教育の拡大する個人寄付　福井文威　三六〇〇円
- 私立大学マネジメント　両角亜希子　三四〇〇円
- 私立大学の経営と拡大・再編　㈳私立大学連盟編　三〇〇〇円
- 大学教学マネジメントの自律的構築——一九八〇年代後半以降の動態　関西国際大学編　三六〇〇円
- 大学マネジメント改革——主体的学びへの大学創造二〇年史　関西国際大学編　四七〇〇円
- 学修成果への挑戦——地方大学からの教育改革　濱名篤　四二〇〇円
- 大学におけるライティング支援——どのように書く力を伸ばすか　関西大学ライティングラボ・津田塾大学ライティングセンター編　二八〇〇円
- グローバルに問われる日本の大学教育成果　加藤真紀著　二四〇〇円
- 長期学外学修のデザインと実践——学生をアクティブにする　喜始照宣・松村比奈子ほか編著　二四〇〇円
- 大学再生への具体像——大学とは何か【第二版】　潮木守一　二八〇〇円
- リベラル・アーツの源泉を訪ねて　絹川正吉　二八〇〇円
- 「大学の死」、そして復活　絹川正吉　三二〇〇円
- 大学教育の思想——学士課程教育のデザイン　絹川正吉　二四〇〇円

〒113-0023　東京都文京区向丘1-20-6
TEL 03-3818-5521　FAX03-3818-5514　振替 00110-6-37828
Email tk203444@fsinet.or.jp　URL:http://www.toshindo-pub.com/

※定価：表示価格（本体）＋税